稻盛和夫自传

〔日〕**稻盛和夫** 著
曹寓刚 译
曹岫云 审译

人民东方出版传媒
People's Oriental Publishing & Media
東方出版社
The Oriental Press

作者简介

稻盛和夫，1932 年出生于日本鹿儿岛。毕业于鹿儿岛大学工学部。1959 年创办京都陶瓷株式会社（现在的京瓷公司）。1984 年创办第二电电株式会社（现名 KDDI，是仅次于日本 NTT 的第二大通信公司）。这两家企业都进入过世界 500 强。2010 年出任日本航空株式会社会长，仅仅一年就让破产重建的日航大幅度扭亏为盈，并创造了日航历史上最高的利润。这个利润也是当年全世界航空企业中的最高利润。现任京瓷名誉会长、KDDI 最高顾问、日航名誉顾问。1983 年创办盛和塾，向企业家塾生义务传授经营哲学，现在全世界的盛和塾塾生已超过 10000 人。1984 年创立“稻盛财团”，同年设立了一个像诺贝尔奖一样的国际奖项——“京都奖”。代表著作《活法》《京瓷哲学：人生与经营的原点》《思维方式》。

目　录

第二部分

推荐序

利他红线贯穿人生

《稻盛和夫自传》这本书的日文原名为《饿鬼之自叙传》，“饿鬼”可直译为“顽童”。书中的故事跌宕起伏，高潮迭起，妙趣横生。但真正拨人心弦的是故事背后的思想，以及表达这种思想的、带有神奇色彩的语言。

在认真审校、修改译稿的过程中，在日文原书和中文译稿上，我画上了许多彩色横杠，经常翻看，体味思索，有时还会情不自禁地写些心得和感想。我觉得，我自学日语，有机会翻译或审译稻盛先生的著作，有机会虚心学习、认真实践、热情传播稻盛先生利他的思想哲学，是我人生最大的幸运。

稻盛先生一贯反对甚至讨厌别人称他为天才，从他升学考试、就职考试屡遭失败的事实看来，他确实也算不上什么天才。

但是，稻盛的小学和中学的班主任早就看出了稻盛身上的某种“潜质”，这是其他小孩少有的东西。那是什么呢？看一看书中的一个故事吧。

稻盛回忆他儿时发生的一件事，他说：

“当时有过这么一件事。班里有一位从中国台湾回来的学生，头顶上有块一文铜钱大小的秃斑，大家经常取笑他，我觉得他很可怜，便总护着他，也许是感恩于我，他主动成了我的小弟。”

“他家有一颗很大的柿子树，到秋天结果时，他邀请我说：‘我爷爷晓得稻盛君对我好，说可以叫稻盛与伙伴们来，大家一起摘柿子。’但他家太远，我们又忙着玩打仗游戏，所以也没有搭理他。也许是想讨好我吧，他又热心地邀请了一回。”

“既然他反复邀请，我就动了心。但他却说：‘今天爷爷不在家，不方便去。’改天我又说要去，他又推却说：‘今天也不行。’反复几次后，有一天我对他说：‘反正你爷爷同意我们去摘，他不在家也没关系啊！’于是我带着小弟们蜂拥而至。虽然我也知道，他爷爷在家时去最好，但他已经几次让我们希望落空，怎么受得了？所以也顾不上他有多为难，我们把他家院子里的柿子摘了个精光。”

“傍晚他爷爷回到家，一看树上光秃秃的，自己钟爱的柿子全都不翼而飞，生气极了。第二天，他怒气冲冲赶到学校说：‘听我孙子说了，稻盛这小子，明明告诉他不行，他偏偏擅自来摘，太不像话了！’”

“但这对我而言，却完全是莫名其妙。”

“这是个沉痛的教训，让我懂得了不能随便听信别人的话。一个人嘴上说可以未必真的可以。不能单单凭语言本身做出判断，还要看说话人的人品。这种哲学性的道理，在当孩子王的经验中，我已经有所领悟。”

一个小学生就有这样的悟性，有人说这是“惠根”。但我觉得，说稻盛具备“反省之心”更合适。发生了意料之外的事情，既不就事论事，也不轻轻放过，而是思考其中的意义，并从积极处吸取教训，这才是稻盛最宝贵的品性。

在本书中，稻盛先生说：“我认为，即使才能不够，只要具备热情，就能赶上别人。但是，有一种比才能和热情更加重要的东西，那就是心态。人生就是心中描绘的景象在现实中的写照。我就这么一味地思考再思考。”

“人生就是心中描绘的景象在现实中的写照。”换句话说，人生决定于心态。这个结论，主要来源于稻盛自己亲身经历的两件事情。一件是反面的教训，一件是正面的经验。

稻盛在 12 岁时染上了肺结核，在当时，肺结核是不治之症。他还亲眼目睹了叔父叔母因患结核病在自己家中死去的情景。染上结核病，低烧不退，稻盛心中充满了不安和恐惧。这时邻居大嫂借给他一本书《生命的实相》。一个 12 岁的孩子本来不会去读这种带有宗教哲理的书籍，但在面临死神威胁的特殊时刻，稻盛犹如抓住了救命稻草一般，贪婪地阅读，认真对照思考。

《生命的实相》一书中有这样的话：“内心不予呼唤的事物，决不会作为现象在我们周围出现。”“所有的灾难都是自己的心灵吸引过来的，疾病也不例外。”

当时还是孩子的稻盛，读到这些话，感到非常困惑，他想："我的内心并没有呼唤结核病到来吗？"但是，稻盛看到，自己的父亲作为长兄，对患病的弟弟弟妹精心护理。父亲满怀着大爱，不顾自己的安危，尽心尽力照料病人到最终。虽然他一直与患者近距离接触，却始终没有被感染。另外，稻盛的哥哥对结核病毫不介意，结果也安然无恙，弟妹也没受影响。而自己呢？自己对结核病怀着深深的恐惧，忐忑不安，一味厌恶，刻意躲避，以至在路过叔叔房门口时，捏紧鼻子，飞奔而过。

在与父亲和家人的对比中，在《生命的实相》这本书的启示下，稻盛的认识产生了飞跃：

"正是自己这种只考虑个人安危的、虚弱的、卑怯的心灵，招致了结核病菌的侵蚀。"

这是何等深刻、何等强烈的反省啊！而这样的反省居然发生在一个年仅12岁的孩子稻盛身上。

感谢老天眷顾，让我与稻盛有如此深厚的缘分。在长达18年的时间内，我有许多与稻盛先生近距离接触的机会。稻盛有普通人的一面，他当然也会犯错误，根本没有必要去神化他。如果说，稻盛先生与我们普通人有什么不同的话，那么，我认为这种不同就在于：稻盛先生敢于正视、注视、凝视自己的内心，他不马虎，不掩饰，不自欺。他比我们更真实、更真诚、更真挚。

稻盛先生的这一品格让我深刻感动，让我由衷钦佩。

另一件事情发生在稻盛大学毕业之后，那是一个就职困难的时期。经人介绍，稻盛好不容易入职的“松风工业”公司，二战后连续十年亏损，已经资不抵债，而且工人罢工，领导内讧，连工资也经常拖延。在这种情况下，稻盛发牢骚，说怪话，差不多半年的时间里一事无成。他也曾想辞职，但无处可去。

既然继续发牢骚也无济于事，既然改变不了自己周围的环境，那就改变自己的心态吧。于是稻盛一改怨天尤人的情绪，全身心投入到领导分配给他的研究工作中。因为排除了杂念，心灵处于纯粹的状态，就很容易发现事物的真相，他的研究就有了成果。一有成果，他就来了兴趣。另外领导表扬他，他更增加了自信。于是更加努力，于是成果更大……稻盛的人生从此进入了良性循环，不久他就有了重大的发明，接着，发明的商品化也获得了成功。

从一事无成到不断成功，从山穷水尽到柳暗花明，这种急剧的、不可思议的变化究竟是怎么产生的呢？

稻盛还是原来的稻盛，他的智商没有也不可能提升，他的能力也说不上有多大的提高。另外，那个企业还是一个亏损的企业，工人照样罢工，工资依然迟发，工作的环境条件也没有丝毫变化。唯一改变的，仅仅是稻盛自己的心态。心态一变，行动随之改变，结果人生就发生了戏剧性的变化，稻盛的前景一片光明。

反面的教训和正面的经验得出了相同的结论："心态决定人生。""心态"这个词，稻盛在成功方程式中称之为"思维方式"，有时又称之为"判断基准"。以利己之心判断和行动，会带来失败和痛苦；以利他之心判断和行动，会带来成功和幸福。这就是稻盛哲学的核心，简单明了。

在松风工业这家濒临破产的企业的简陋实验室里，孕育产生了稻盛的利他哲学。稻盛利他哲学的红线贯穿在稻盛此后几十年的人生和工作的方方面面。本书提及的70多个故事中都渗透了稻盛利他哲学的精神。

其中有两个故事，对我的触动最大。

第一个是，稻盛如何处理11名高中生的辞职事件。稻盛没有答应他们要求的条件，但却由此转变了经营企业的目的：从所谓“技术问世”转变为“在追求全体员工物心两面幸福的同时，为人类社会的进步发展做出贡献”。

我也是企业经营者，员工辞职等劳资纠纷，在企业中时常发生，但我没有而且根本没想到过，要把这种事情与企业的根本目的挂钩。稻盛利他哲学达到的这种高度，一直到今天为止，在全世界的企业家中，都无人可及。

第二个是，稻盛在参与通信事业时的心态。当时稻盛的京瓷公司虽然高速成长，但不过是京都地区的一家中型企业，下决心参与这种国家规模的事业，稻盛最主要的准备工作不是别的，而是自问自答自己的参与动机，而且花费了足足半年工夫。在确认了自己“动机至善、私心了无”之后，他才公开宣布参与竞争，结果一举成功。这是稻盛在一个崭新的领域内，实践自己利他哲学、耐人寻味的经典故事，值得一切有志向有抱负的人认真参考。

《稻盛和夫自传》写到稻盛70岁为止。但78岁时，稻盛利他哲学又一次大放异彩。稻盛先生走进宣布破产的日航，身教言教，致力于与32000名日航员工哲学共有。结果仅仅一年，就让日航起死回生，而且业绩全世界行业第一，遥遥领先，让世人一片惊叹。

“虽不能至，心向往之。”我们没有稻盛先生那样的水平，达不到他那样的高度。但我们可以向稻盛先生学习，可以像稻盛先生一样，尽力抑制利己心，发扬利他心，积极进取，努力奋斗。只要这么做，我们每个人都可以获得属于我们自己的那份成功和幸福。

这也正是《稻盛和夫自传》这本书要告诉我们的真理。

稻盛和夫（北京）管理顾问有限公司董事长

曹岫云

2020年1月

前　言

岁月如梭，不知不觉中我也迎来了古稀之年。时代的变化令人目眩，时代的大潮奔流不息。一方面，物质的丰富似乎值得讴歌；但另一方面，犯罪率增加、失足青少年增多、教育问题，凡此种种，人心的荒废正在引发种种深刻的社会问题。

从长期萎靡不振的经济，到不分男女老幼、无差别杀戮的恐怖主义等等，层出不穷的问题威胁着我们的生存。身处这样的时代，恐怕人人都感到不安，都在苦苦思考人生的答案。同时，不少人为工作和经营而烦恼，或者突然陷入困境，遭遇意外的挫折。

我的青春时代亦是如此。我出生在鹿儿岛，少年时代也曾是个孩子王，可在之后的人生中，考试失利、身患肺结核、遭遇空袭失去一切，连就业也很不如意。我每天都烦恼叹息，抱怨“自己干什么都不走运”。当时，只要走错一步，我就可能误入歧途。

我有6个兄弟姐妹，父母要养育我们7个孩子，所以生活清贫。我得尽早踏入社会，挣钱养家。大学毕业后，我成了一名普通的技术员，从事精密陶瓷的研发工作，这在当时还是一个全新的领域。我的想法非常简单：“一味抱怨社会也无济于事，应该相信自己有一个光明的未来，满怀希望地努力生活。”于是，我心无旁骛地投入到研究工作中。结果，研究成果的商业化获得成功，并在他人的帮助下，创立了新公司。45年过去了，当年创立的京瓷公司已经发展成为销售额超过1兆日元的大型企业。前面竟有如此美好的未来在等待着我，这是我年轻时根本无法想象的。

人生就是如此的波澜万丈，永远不知道将来会发生什么。既会有令人羡慕的幸运降临，也会遭遇始料未及的失败和考验。然而，决定人生的并非好运或厄运，而是我们心灵的状态。越是艰难困苦，越不能丧失美好的希望；而在成功时，不可忘记感谢之心、谦虚之心；保持积极向上的姿态，从自己当下能做的事开始，聚精会神，全力以赴。人只要有这种心态，任何时候都可以重振旗鼓。对于那些正在认真思考自己人生的人，或者正在认真学习工作和经营精髓的人，我的经验或许可以提供参考，这就是出版本书的目的。

从 2002 年 3 月开始，《日本经济新闻》在《我的履历书》专栏中开始连载我的文章，这成为后来出版本书的契机。由于一直以来我都只顾一心向前，无暇回顾往事，所以也从未想过要写自传。但是，《日本经济新闻》长期以来一直劝我执笔，于是我开始写连载。由于我写的连载文章获得广大读者的好评，许多读者来信说，他们从中获得了人生和经营的启示。反响如此之大，加上出版社的诚恳劝说，后来才有了我首部自传的付梓。

连载时，由于版面的限制，我不得不忍痛割爱，删除了一些趣事，以及有关细节的说明。在这次出版时，我对上述部分都做了大幅增补，结果全书的篇幅超过了连载时的两倍。虽然这给编辑带来了麻烦，但是在内容上却充实了很多。另外，考虑到读者的阅读感受，许多帮助过我的人的名字未能全部列出，在此向他们表示歉意。

值此出版之际，我要向日本经济新闻社大阪分社编辑部的小林隆次先生、编辑委员波多野美奈子女士、编辑部的西林启二先生表示衷心的感谢，感谢他们付出的辛苦。同时，还要向帮助我完成繁杂资料收集工作的京瓷公司执行董事秘书室室长大田嘉仁、经营研究部木谷重幸先生表示谢意。

2002 年 1 月

稻盛和夫

引言

战胜挫折　追逐梦想

我出生于九州南部的鹿儿岛，23岁那年，我这个乡巴佬，从家乡北上京都，现在已经过去了46年。尽管在京都的岁月已经两倍于故乡，但我的言谈举止却高雅不起来，萨摩人的粗犷性格至今没有改变。京都与我本无缘分，但是这座千年古都却以宽阔的胸怀包容了我，我们公司的名字中也用了个“京”字。为此，我受京都的恩惠，无法估量。

27岁时，我与志同道合的7个伙伴歃血为盟创办的京都陶瓷，也就是现在的京瓷，已经拥有14000名员工，整个集团更是达到了4万人的规模。一路走来，道路可谓是崎岖不平，而我的人生更是曲折坎坷，充满着青春的挫折。

父母都只是小学毕业，家里孩子多，生活贫困，所以家里没有学习的氛围。虽然我不想把升学失败归咎于教育环境，可是，我第一次考初中就没考上。第二年再次挑战，还是落榜。虽然升高中时，由于学制改革我可以免试入学，可是考大学时，又没能考取理想的大学。就业时，屡次面试，却全都惨遭失败。最后经班主任老师介绍，勉强进入了一家公司，但进入后才发现，这家公司其实已经濒临破产。

唯一顺当的是，进了我家附近的公立小学。但在上“寻常高等小学”（初中没考上的学生临时上的补习学校。——译者注）时，我却患上了肺结核，还目睹了叔父因结核病死去的情景。我后来对精神领域格外关注，还曾剃度出家，或许与过早地意识到死亡有关，那种意识可能一直停留在我的精神底层。

尽管挫折不断，事事都不如意，但我的心灵却没有扭曲，我也没有误入歧途，这是因为每次都有“神灵之手”出现，来给予帮助，让我遇见贵人。除此之外，无法另作解释。这些贵人让我感受到了亲子之间都未曾有的温暖。我因结核病卧床不起时，小学老师主动替我填报志愿，并亲自陪我参加入学考试；高中老师说服了想让我尽快工作的父母，帮我实现了曾经一度放弃的大学梦。

此外，为了让我的技术问世，为了帮我创办公司并筹措资金，京都某公司的董事甚至将自己的住宅抵押。在我人生的各个关口，像这样对我有大恩的人还有很多。如果缺少其中的任何一位，就不会有今天的我，也不会有京瓷和第二电电（现 KDDI）。

为了不辜负恩人的期望，我所能做的，就是把公司办好，把公司办成一家有益于社会、有益于世人的卓越企业。为此，我全身心投入研究开发，把自己逼入“狂”的状态。我认为，即使才能不够，只要具备热情，就能赶上别人。但是，有一种比才能和热情更加重要的东西，那就是心态。人生就是心中描绘的景象在现实中的写照。我就这么一味地思考再思考。

在二战刚刚结束的高中时代，一次，国语老师在上课时突然说道：“我每天都在恋爱。”原来，在他每天往返学校的沿途，总能看到樱岛。雄踞海上的壮丽岛屿、火山喷发直冲云霄的烟云，那热量迸发的景象让他迷恋。“国家虽然战败了，可是你们年轻人决不能失去希望，要像那樱岛的火山一样熊熊燃烧。”老师的话鼓起了我的勇气，直到年近古稀，我还在继续追逐梦想。

在我的办公室里，虽然看不见樱岛，却可眺望比叡山，房内悬挂着西乡隆盛“敬天爱人”的匾额。“道者，天地自然之物也。人行道，必以敬天为本。”所谓道，乃是这个天地自己形成的。我把南洲翁的这条遗训作为社训，努力实践“提高心性的经营、了无私心的经营”。以下便是我走过的足迹。

第一部分

一哭三小时

位于鹿儿岛市中部的城山是西乡隆盛战死的地方。我就出生在城山脚下甲突川河畔的药师町（现在的城西町）。那一天是 1932 年 1 月 21 日，但户口本上登记的却是 1 月 30 日，这是因为父母忙于工作而晚报了。

我是父亲畩市、母亲纪美的次子，我之后还有两个弟弟、三个妹妹，家里共有九口人。儿时的记忆总是与泪水相伴。我是个窝里横的爱哭虫，总是拽着母亲的衣角寸步不离。当母亲忙于家务把我扔在一边时，我立即就会哭出声来。因为哭也没人理，我就更起劲地哭。有时会一脚将室内的纸隔扇踢个洞，母亲就真的生气了。见到母亲动怒，我也真的哭了。这一幕经常重复。

据说母亲经常抱怨："这孩子一哭起来，三个小时也停不下来。”大我三岁的哥哥利则是个乖孩子，从不让父母操心。可在我身上却要花上双倍的工夫。哭累了，我就钻到桌子底下，仔细看那些木纹，那曲线时而变成海，时而变成山，时而又如翻滚的波浪，当时幻想的光景，至今还会浮现。

另一个留在我记忆里的就是，电动马达发出的轰隆轰隆的声音。父亲原先在一家印刷厂工作，由于工作认真，被经常来厂的一位纸张批发商所赏识。他出让给我父亲一台二手印刷机，于是父亲就将家里的偏屋改造成印刷车间，开始了独立经营，我就是在那时出生的。

父亲做事仔细周到，为按期交货不惜通宵达旦，对所给的工钱没有半句不满。因此，那个批发商就更加器重父亲，有次又运来了自动制袋机，并说：“机器的钱过几年再付也行，我再给你介绍买家。”条件虽好，可是据说父亲以没钱为由，迟迟不肯允诺。“技能不错，但欲望太低”，这是大家对父亲的评价。

附近的阿姨们常来我家帮忙。经常会工作到很晚，大家会像一家人一样热闹地围桌吃饭。母亲除了家务以外，还要负责给阿姨们分配工作。母亲性格开朗，与沉默寡言、匠人气质的父亲形成了鲜明的对比。如果孩子在外面打架受伤回来，母亲会塞给我们一把扫帚，把我们赶出去，说道："报了仇再回来！"虽说鹿儿岛盛行大男子主义，但只是表面上给丈夫面子，而实权往往掌握在妻子手里的家庭也很多，我觉得我家就是这样的典型。

当我家打出了"稻盛调进堂"的招牌后，可以说生意兴隆。但由于加工费低廉，赚头也不大。不过对于父亲来说，只要能养活家人，也就满足了。父亲认为，与其做大生意，不如脚踏实地。这是父亲的优点。这个印刷生意利润不高却很繁忙，周日也无法休息，机器从早到晚轰鸣不止。

偶尔休假，有时一家人会去樱岛采摘枇杷。当时，樱岛的山上满是成片的枇杷树。我们先是塞饱肚子，然后再装满背包，满载而归。盂兰盆节和新年时，我们会去泡温泉，地点是位于甲突川上游的河头温泉。父亲每次一说起河头，孩子们就会欢呼雀跃，因为每次都能吃上寿喜烧，这也许是父亲唯一的奢侈吧。

我平时的玩伴主要就是哥哥，我经常提着桶跟他去甲突川抓鱼。哥哥不停地用渔网捞起鲫鱼和虾，其他孩子会用羡慕的目光朝我们的桶里看。我虽然一条也没抓到，可也得意扬扬。把小虾连皮带壳加上盐、糖等作料在锅里一煮，这就是我们的零食。

到了夏天，我们就只穿一块兜裆布在河中游泳，河水清澈，仰头便可看见被郁郁葱葱的树林所覆盖的城山。有着茂密树林的自然环境，让人感觉不到身处城市之中，我就在这里长大。

在回忆自己的童年和父母时，我突然想到一个问题——自己像谁呢？父亲是一个小心谨慎之人。在战后的混乱时期，母亲希望父亲能像以前一样重开印刷厂。可是这样的话，就不得不大量举债购买印刷机器。谨小慎微的父亲丝毫没有借钱的打算，所以无论母亲如何劝说，父亲也不肯点头。母亲当时一定是非常焦急。在企业经营上，我也是事事谨慎，将无贷款经营视为信条，在这一点上似乎是相当多地遗传了父亲的性格吧。而母亲总是乐观开朗的。毫无疑问，这一点也让我继承了。无论身处何种逆境，我从不气馁，从不放弃希望。这样的性格自然是遗传了母亲。

父亲�市家都是男孩，他是四兄弟中的长子。在他 20 岁那年，他母亲也就是我的祖母去世了。因为父亲的两个弟弟还很年幼，有人劝祖父七郎续弦。但祖父认为，还是让长子讨个老婆为好。于是我的母亲纪美就嫁了过来。

新婚的母亲当时只有19岁，还要照顾三个小叔子。不久之后，家里开了印刷厂，母亲操持起家业，同时还得一手照料整个大家族，但她从无半句怨言。母亲性格刚毅，不把辛苦当辛苦。如此坚强的母亲，对待孩子却是十分温柔。12月14日是纪念赤穗47义士为主君复仇的日子。每年这一天，鹿儿岛小学五年级以上的学生从傍晚开始，就要在礼堂的地板上正襟危坐，聆听校长朗诵《赤穗义士传》。鹿儿岛虽处南国，但这个季节却寒气逼人。天气寒冷，加上脚麻，哪有心思听下去，但还得坚持到晚上十点。

拖着冻麻的双腿回到家时，母亲早就站在门前等候我。我紧靠火盆，锅中是咕嘟咕嘟翻滚的赤豆年糕粥。“煮好了，快吃吧！”母亲端来满满一碗粥，那粥冒着香气。我一声不响，把脸埋在热气中，贪婪地吃起来，母亲微笑着注视着我。直到今天，每当赤豆年糕粥放在面前时，透过热气，我仿佛还能看见母亲当时的样子。

孩子王的觉醒

1938年（昭和十三年）的春天，稻盛家的爱哭虫也要去上小学了。母亲带我来到离家很近的西田小学参加入学仪式。仪式结束后，分完班，学生们走进各自的教室，坐到了自己的座位上。到这里我还一切安好，但老师的开场白告一段落后，说了句："各位家长，请回去吧！"一听到这句话，我的脑中霎时一片空白。一想到母亲要抛下自己而去，我就泪如泉涌。结果母亲想回也回不去，只能一个人站在教室后面，一直等到放学。"那么丢人的事，从没有过！"母亲后来还经常提起这件事。

之后的一段时间里，家里人为了将不愿上学的我送去学校，可谓大费周折。据说那时哥哥、母亲，还有住在一起的叔叔轮流哄着我去上学，有时甚至还用自行车拉着哭闹的我去学校。可是如此厌学的我，一年后竟然成了成绩全优的优等生。这让我的父母都吃惊不已，母亲喜出望外地逢人就说："我们家和夫全都是甲，这么棒的孩子，亲戚中从来没有过！"

但好事也就到此为止。如果大家夸我聪明，我本人也认为自己学习还行，肯用功的话，我或许就成了真正的优等生。但父母从不督促我们"用功读书"，家里也没有什么书。有的同学家里书架中摆着一大排文学全集之类的书。我问父亲："为什么我家没有书？"父亲的回答是："书能当饭吃吗？"

父母勤奋又耿直，但稻盛家里却出了一个异类，那就是父亲的弟弟兼一叔叔。兼一帮助父亲做印刷和销售方面的工作，但他与父亲截然相反，属于时尚青年，孩子们都喜欢他。一到星期天，他会邀请我："喂，和夫，去看电影吧！"说得夸张一点，我是通过兼一叔叔，才开始接触到外面的文化的。

昭和初期，少年们憧憬的是军人，大家聚集在一起时，玩的都是打仗游戏。特别是萨摩，素有尚武的风气，西田小学的治校格言就是"强、正、美"。在和一帮顽童打闹玩耍中，虽说迟了一点，我总算彻底告别了眼泪，但同时也慢慢疏远了学业。

胆小鬼变得不再胆小，也得益于鹿儿岛独特的“乡中教育”的锻炼。乡中教育原本是在武士子弟的私塾中使用的教育方法。明治以后各个地区将其保留下来，由学长来训练低年级中小学生，锻炼他们的身心。在萨摩藩流传的剑道“示现流派”就是这样进行武术训练的。

在不知不觉中，我萌生了一种想法：成为人上人，才叫男子汉。差遣他人会产生快感——这就是孩子王的觉醒。我常把小伙伴们划分成敌我两方，让这人当侦察员，让那人扮传令兵。打仗光讲蛮力不行，气势、魄力也很重要。用青草编成勋章奖励部下，有吃的与大家分享。虽然充其量，我不过是一个中等团伙的首领，但如何掌控团队，却是我最费心思的事。

当时有过这么一件事。班里有一位从中国台湾回来的学生，头顶上有块一文铜钱大小的秃斑，大家经常取笑他，我觉得他很可怜，便总护着他，也许是感恩于我，他主动成了我的小弟。他家有一颗很大的柿子树，到秋天结果时，他邀请我说：“我爷爷晓得稻盛君对我好，说可以叫稻盛与伙伴们来，大家一起摘柿子。”但他家太远，我们又忙着玩打仗游戏，所以也没有搭理他。也许是想讨好我吧，他又热心地邀请了一回。

既然他反复邀请，我就动了心。但他却说：“今天爷爷不在家，不方便去。”改天我又说要去，他又推却说：“今天也不行。”反复几次后，有一天我对他说：“反正你爷爷同意我们去摘，他不在家也没关系啊！”于是我带着小弟们蜂拥而至。虽然我也知道，他爷爷在家时去最好，但他已经几次让我们希望落空，怎么受得了？所以也顾不上他有多为难，我们把他家院子里的柿子摘了个精光。

傍晚他爷爷回到家，一看树上光秃秃的，自己钟爱的柿子全都不翼而飞，生气极了。第二天，他怒气冲冲赶到学校说：“听我孙子说了，稻盛这小子，明明告诉他不行，他偏偏擅自来摘，太不像话了！”但这对我而言，却完全是莫名其妙。这是个沉痛的教训，让我懂得了不能随便听信别人的话。一个人嘴上说可以未必真的可以。不能单单凭语言本身做出判断，还要看说话人的人品。这种哲学性的道理，在当孩子王的经验中，我已经有所领悟。

一直到六年级，我的学习成绩都不佳。连课外作业也不好好做，给老师的印象自然不好。偶尔向老师提问，老师也是爱理不理的。而对一个衣着整洁、家境殷实的孩子，老师却关爱备至。我们认为这是老师偏心；于是我们几个以此为理由，在放学的路上，伏击这孩子，集体欺负他。

第二天，我就被老师给抓住了。刚争辩一句“我们就看不惯老师偏心”，“还敢狡辩？！”——立时就挨了老师几拳。我一面在心里呐喊：“这是正义的战争！我们没有错！”一面咬紧牙关强忍着脸上的肿痛。最后连母亲也被叫到了学校。

回到家里，晚饭味同嚼蜡，我默默地吃着。一向寡言的父亲开口问道：“今天是怎么回事啊？”“是老师偏心，不公平！”我最终也没有认错。父亲追问说：“你是觉得自己对，才这么干的吗？”我回答：“嗯。”父亲就不再说话。父亲的无言，表示了对我的信任。仅仅这一点，就让我得救了。然而，这样的“正义感”不久之后便拖住了我的后腿。

懦弱的心灵唤来不幸

1944年（昭和十九年）的春天，从鹿儿岛市立西田小学毕业的日子临近了。我毫不犹豫地报考了名校鹿儿岛一中。虽然成绩几乎都是乙，可我仍然觉得自己可以考上。班里中等以上的同学大都填报志愿报考一中，作为“孩子王”，我自然更得要强。

但是，我心里有种不祥的预感：上次冲撞老师，受到铁拳惩罚时，老师就说：“你这小子绝对上不了一中！成绩不行，评语也好不了！”预感不幸应验了。没办法，我只好进了寻常高等小学。因为心里只有一中，其他中学连想也没想过。升学失败让从未经验过的苦楚袭上心来。不久前还是自己手下的那些小喽啰，还有那些让人讨厌的公子哥儿，他们竟然都穿着一中校服，一个个神气活现，招摇过市。

人若泄了气，病菌便会乘虚而入。那年年底，在中国东北当警察的兼一叔叔临时回来。我睡在他身旁，被他带回的虱子叮咬，导致发烧，卧床不起。“要是结核病那就糟了！”母亲很担心，连忙带我去医院。诊断结果是肺结核初期症——肺浸润。不祥的预感再次应验。

担心患肺结核是有原因的。因为住在家中偏房的大叔夫妇，都是患结核病去世的。接着，最小的叔叔也吐血，正在家里疗养。当时，肺结核属不治之症。家里出了结核病人，都瞒着外人，由家人护理。但实际上，想瞒也瞒不住。后来甚至有人风传：“稻盛家是结核病之家。”

难道我也会和叔叔们一样吐血、逐渐消瘦，最终不治而亡吗？曾经的孩子王彻底消沉了下来。

一天，因为发烧，神志不清，我躺在病床上，住在隔壁的房客太太隔着篱笆对我说：“和夫啊，这本书有点难懂，但我劝你读一读。”书名是《生命的实相》，是“生长之家”（日本的一个新兴宗教。——译者注）的教主谷口雅春的著作。当然，这是一本什么书，我一无所知。但是，当时住在一起的叔叔已经因为肺结核病而危在旦夕。在这种情况下，我就像抓住救命稻草一般，贪婪地读了起来。一页页翻阅时，我看到了这样一段文字：“我们的心底有吸引灾难的磁石，它会从外界吸引刀枪、疾病、失业等。”

虽然还只是孩子，但我也深有体会。叔叔身患结核病住在小屋时，因为害怕传染，我每次经过，总是捂着鼻子快速跑过。父亲也曾告诫我说：“会传染的，你不要从那儿过了！”我自己也借来医学书看，了解到结核菌是通过空气传播的，所以想捏着鼻子跑过，这就是小孩子的想法。可是在跑步经过时，总是憋不住气，手不得不松开，结果由于憋得太难受，反而会忍不住深呼吸。但哥哥却是不以为然，说哪会那么容易传染上，而父亲更是一直在叔叔身边悉心照料。

眼看叔叔不行了，父亲对母亲说：“你不要再照看弟弟了，我一个人来吧，你不要再去偏房。”在结核病末期，结核菌异常增多。父亲明知如此，照样护理病人。尽管这么做，父亲也没事儿，哥哥对结核病毫不介意，也平安无事。只有我，比谁都格外在意，结果却染上了。要逃离、要逃离，一心想逃避结核病的我反而遭此灾祸。

这说明，一颗恐惧结核病的心灵会唤来灾难，难道不是吗？我想，仅看这个事实，就说明谷口先生所言真实不虚。哪怕自己染上结核病，也要照顾弟弟到最后，父亲的这种献身精神，这种对亲人的爱，是多么尊贵！他不让与弟弟没有血缘关系的妻子靠近，一切危险都由自己一力承担，下这样的决心，是做好了死亡准备的。被这样的大爱所包围的父亲，连结核菌也不能侵害。我虽然还是个孩子，却如此猛然反省了，当时的情景，至今记忆犹新。这本书给了我一个契机，让我开始思考有关心态的问题。

到了 1945 年年初，鹿儿岛也拉响了防空警报。一天，班主任土井老师来到我家，“和夫君有潜力！”老师劝我再次挑战一中。考虑到我身体不好，土井老师代我提交了志愿书，还陪着我去考试。

可张贴出的录取名单中，还是没有我的名字。由于低烧不退，我回到家倒头便睡，突然响起了防空警报，就在这时，头戴防空头巾的土井老师又来到我家，“是男人就别泄气，还有出路”，老师已经为我办好了私立鹿儿岛中学的报考手续。

“今天是报考的截止日期，不管怎样，先考了再说。”尽管土井老师鼓励我，但是我已经两度失利，又在养病中，“就算了吧！”我已经心灰意冷。我和家人都认为只有就业这一条出路了。但是经不住老师的热情劝说，我还是参加了考试，并终于升入了中学。如果没有土井老师的深情厚谊，我的前途将会怎样呢?虽说人的心态以开朗为好，但我的运气实在是太背了，我唯有黯然叹息。

在废墟间行商

1945 年（昭和二十年）4 月，我上了鹿儿岛中学。虽说晚了一年入学，但当时空袭猛烈，根本没有学习的氛围。B–29 型轰炸机投下的燃烧弹像雨点一般倾泻，特别是 6 月 17 日的大空袭烧毁了大半个鹿儿岛市，这一天甚至被称为鹿儿岛“市民的忌日”。我家的房屋虽然奇迹般地逃过了这场灾难，但在劫难逃，最终在 8 月份也毁于战火。

没有高射炮应战，日本的劣势显而易见。但对于我来说，战争结束意味着从燃烧弹中获得解放。有意思的是，结核病在拼命逃生的过程中痊愈了，如果像平日一样慢慢疗养，恐怕未必能治愈吧。

战争虽然结束了，可是房屋和印刷机已化为灰烬，生活的压力迎面袭来。父母辛苦积攒下来的养老钱，也由于通货膨胀和“新币封锁”，一下子变得分文不值。父亲把盐、母亲把和服都拿到黑市上卖掉，换回大米。盐是我们家自制的。我们把铁桶锯开，做成四方形的扁锅，用废木头做燃料，把海水蒸发，提炼出盐。做出的盐有时卖给前来收购的人，有时我们自己拿到乡下，去换些大米和红薯。母亲的和服是在战前和战时辛苦攒钱买的，全部卖完之后，母亲又在黑市买进了一些衣物。

房子被烧毁之后，我们一家都被疏散到鹿儿岛市的郊区，我和哥哥两人要到市里的中学上课。战争结束后，我们在地板下面挖了个地窖，开始偷偷酿造烧酒。那应该是父亲的主意吧。做法是先将红薯煮熟捣烂，加入米曲搅拌，然后密封在坛子里，放置一段时间，发酵后变成葡萄糖，再转化成为酒精，在合适的时候取出，用手工制作的蒸馏器蒸馏。我买来了比重计，能准确测出酒精的浓度，由此制成可以销售的商品。当时很多黑市的烧酒淡而无味，都喝不醉人，而我家的烧酒品质优良，在黑市上口碑相当不错。

我们把酒灌入水囊中，一个水囊能装 2 升多，像绑腹带一样一前一后绑在腰间，然后拿去黑市贩卖。

结果我们的产品出奇地畅销，大大地贴补了家用。不过，由于整夜的蒸馏作业，我家附近弥漫着红薯独特的气味。父亲害怕事情暴露，于是中途停止了酿造。这就是那个时代。我倒觉得，其实大可不必如此小心谨慎。如果当时再大胆些，说不定能置下一大笔家业呢。

我的身体康复之后就开始专心学业，为了告别悲惨的人生，我下定决心文武双修，在两方面都追求极致。为了补习成绩最差的数学，我甚至翻出小学五六年级的教科书重新学习。所以，数学后来反而成了我最擅长的科目。

但打架的事情依然还有。某天，因为一件小事，班里的小霸王故意找碴儿，拿起当时流行的赛璐珞垫板，朝我砸过来，差一点击中我。在众人围观之下，我们在校舍的后面展开决斗。所有人都认为我必输无疑，因为他的块头比我大多了。先下手为强，我突然跳起，朝他脸上狠狠一拳。因为用力过猛，以至我自己也反弹倒地。只见他鼻血四溅，他当即恼羞成怒，拔出匕首，四周一片骚动。“有本事空手上啊！”正当我们双方怒目相对时，高年级学生闻讯赶来，“两个狂妄的家伙”！将我们两人都痛揍了一顿。这就是鹿儿岛彪悍的民风，将勇气视为男子汉的第一美德。

那个时期，我也结识了好友。其中一个就是川上满洲夫（原久保田公司常务董事），他出身上流家庭。家里的会客厅中，摆放着他父亲在德国留学时买的留声机。他曾经为我播放过一首非常悦耳的乐曲——《流浪者之歌》，我沉醉在小提琴柔和的音色中，不禁感慨这世上竟有如此有品位的家庭。我喜欢上棒球也是受川上的影响。我担任投手，每天都沉迷于棒球，直到天黑。

1948 年，我从鹿儿岛中学毕业，当时正好是学制改革，处于向新制高中过渡的转型期。听到周围的同学几乎都升学了，我也开始犹豫。虽说我也知道家里人多，生活压力大，应该尽早就业，可是一听到父亲说：“你也工作吧！”我却抗拒地说：“把乡下的那块地卖了不就行了！”我知道我们家在郊区还有一小块地。“高中毕业后一定就业”，我以这一承诺说服了父亲。那时，鹿儿岛中学、市立高中女校、市立商业学校合并成了鹿儿岛高中第三部，想上的人都可以免试升学。两年后，我又转到玉龙高中，是该学校首届毕业生。

从初中到高中我遇见了很多老师。其中教历史和品德修养的斋藤老师让我印象最为深刻。他对卑劣懦弱的行为极为痛恨，经常会拿一场棒球比赛举例子。在鹿儿岛县的中学生棒球比赛中，鹿儿岛一中和鹿儿岛商校进入了决赛。一中曾多次夺冠，但商校也紧追不舍。比赛打到平分时，迎来了关键的终局决赛，这时商校打出的一球落地时紧压边线，裁判判定为界内球，商校因此得分获胜。对此，一中强烈抗议，认为那是界外球，但是裁判没有接受。

问题是在这以后。比赛结束了，一中还不断抗议，要求重新比赛。得知申诉未果，一中竟然拿走了挂在决赛现场的冠军旗。老师以这一事件为例："即使裁判的判决有误，也不能有如此卑劣的行为。从此，在鹿儿岛的旧制中学棒球赛中，一中再也没有进入过决赛。"

老师列举事例，教给我们做人的道理。他问："大家都有亲朋好友吧。假设这个好友杀了人跑到你这里，警察在追捕他，他恳求你藏匿他，作为友人，你会怎么做？""杀人是重罪。不管是什么亲朋好友，犯罪就是犯罪。应该狠下心来，把他扭送到警察局。也许你们就是这么想的。可是我不认同。”老师的话太意外了，“不管道理怎么说，如果真是好朋友的话，就要不顾一切保护他，这才称得上是真正的友情。”老师平时就是一位绅士，这时讲出的却是听起来有些偏激的话，但却蕴含着老师的信念，令我至今难忘。

进入高中后，我用功学习，但对棒球的热衷丝毫未减，惹得走街串巷卖米的母亲对我发火：“辛辛苦苦供你上高中，你却只知道玩！”因母亲这一句话，我彻底告别棒球，开始销售纸袋。我把父亲业余时间做的纸袋驮在自行车上，在市内游走叫卖。

我家在战前除了印刷，也制作纸袋。在自动制袋机购入前，是临时雇用附近的阿姨们作为副业来做的。我经常看见父亲把整个身子的重量全压在切纸刀上，将叠在一起的500多张纸一下子切断。接着，阿姨们把切好的纸张按尺寸大小折好，将四周用糨糊粘住。因为这些情景都记在我脑海里，所以我提议：“爸爸，我们现在还继续做纸袋吧，由我来卖。”最初父亲没有搭理我，但经我多次请求，加上看着母亲拼命工作的样子，父亲总算答应了。

大概有十余种大小不同的纸袋，我们把这些纸袋装进竹编的大筐，放在自行车的行李架上。过去的自行车行李架很大、很实用。踢开自行车支架时，由于后面载货过重，甚至前轮都翘起来了。

开始时我不得要领，不管看见什么商店都往里面闯，效率很低。后来，我把鹿儿岛市按一周七天分成七个区域，定好每周的某天去同一区域。平时一放学我就径直回家取货，周日也是一大早就骑车出去。就这样，连小街小巷里的糕点店，都接二连三被我开发成了客户。有一次，我推开一家的大门，大声说："对不起，有人吗？"这时从屋里出来一个和我年纪相仿的女孩子，我大感害羞，一句话没说，就落荒而逃了。

当时，市内有五六个大的黑市，如果能打进去，就可以做成批的买卖。黑市各处都有威势十足的大妈掌管生意。去过几次后，她们就开始关照我了："小哥来了！小哥！小哥！"有时，看我竹筐里还剩些纸袋，她们就说："都留在这里吧！"关系搞熟后，她们还会热心给我介绍其他的大妈。"纸袋小哥"一下子声名鹊起了。

一天，我正骑自行车赶路，经过一家店面时，被一个大妈叫住："你就是那个纸袋小哥吧？"她说："如果你供货给我，就能多卖好几倍，而且方法很简单。"这话太难得了！她说："我们这里是糕点批发店。县下面的市、镇、村的糕点店都来这里采购。客户们希望在进糕点时，连同包装袋一齐买。""在我们的货架上，摆放不同尺寸的袋子，卖完了再补货。"能有这样的好事？简直让人难以相信。这么做，价钱虽然被压低了点，但效率高，我想，这应该就算是批发销售了吧。

消息传出以后，其他糕点批发商也纷纷向我下订单。县里很多糕点店都用上了稻盛家的纸袋。大量的订单让父亲和我都忙得够呛。我一个人忙不过来，又雇了一个初中刚毕业的孩子，还给他买了辆自行车。自行车座下挂着个布袋子，把货款装进去。每次当我们将满当当的布袋子拿回来交给父亲时，父亲都会拿着算盘，算上好一阵子。

作为一个外行，做到这份上，已经是很成功了。不过，现在想起来，当时几乎没考虑成本和利润等因素。大致定了价格后，黑市的大妈一说："再便宜点吧！"我就随口答应了。如果经过细致计算，再定价格的话，收益会大不相同吧。直到现在我还能想起这事，可见这个体验是如此强烈，已经铭刻在了我的头脑里。

听说由于我的猛烈攻势，来自福冈的同行们都撤退了。这段行商的经历，成了我事业的原点。到高中三年级时，我把这项工作，连同那位员工，都移交给了哥哥，开始专注于学习。

赎罪的友情

1950年（昭和二十五年），我在新制的玉龙高中上三年级。我的好朋友川上满洲夫领衔的玉龙队，参加了日本全国运动会软式棒球的县级预选赛，并进入了决赛。对手是鹿儿岛商业高中，我们都赶去市郊的鸭池球场为玉龙队加油助威。很可惜我们输了。

事情发生在回校的路上。虽然可以坐市营电车回去，可是我觉得，有一段路需要花钱买票不划算，提议走一段路再乘车。这个建议遭到了其他人的反对："我们手里有在学校附近下车的月票，至于我们是从哪站上的车，一般不会查，到时只要赶紧下车，应该能蒙混过关。"

到站后，同学们都若无其事陆续下车，但这么一大帮人一个接一个，逃也似的下车，很容易让人起疑心，我因为心虚，落在了最后一个，结果被抓了现行，不但刚买的月票被没收，还被处以罚款，而且大家还讥笑我是个“笨蛋”。

第二天，我就被班主任辛岛政雄老师狠狠地训斥了一顿：“不要以为学习成绩好那么一点，就可以翘尾巴了。这是我们学校的耻辱！”辛岛老师原本是鹿儿岛中学的校长，学校转制时，作为普通教师，陪我们一起来到玉龙高中。老师的话震撼了我的心。

这下没办法了，我只能走路上学了。这时，有个人主动陪我一起走路上学，他对我说：“不能只让你一个人做出牺牲。”这个人就是川边惠久。多么可贵的友情啊！这才是值得交的真朋友，我非常感动。没想到多年后，川边君向我坦白说：“其实，那时我才是最后一个下车的。”他趁乘务员在教训我的时候，从后面溜了下去。看来川边君的这份友情，也有赎罪的成分在里面。

我的成绩最初处于中等上下，不久之后就排进了年级的前十，毕业时就已经上升到第三四名了。这让我开始有了自信，只要努力，就有回报；只要干，就能成。随着自信心的增强，我就不再允许自己马马虎虎了。高三时，有过这样的事。考试卷子发下来后，同学问我："考得怎么样？"我回答说："考得不好。"同学又问："多少分啊？""98分。""98分不是高分吗？"该同学露出不解的神色。但对我来说，不得100分，就不能说是好。也不知从何时开始，在我心里萌生起了完美主义，我决心要彻底锤炼自己。"我脑子不好，努力必须加倍于人，别人付出两倍的努力，我就要付出五倍的努力。"这成了我的口头禅。

高中三年级的秋季一到，大家开始议论高考的话题。因为我患过肺结核，有过痛苦的体验，所以就期望考进大学学习药理学。我哥哥利则高中一毕业就工作了，可是他却恳求父母说："我家就和夫应该上大学。"平常和气的父亲这次发火了："说好高中毕业就工作，我才答应让他上高中的，这次怎么又想上大学？！"

我下面有5个弟弟妹妹，再这样任性下去的话，自己也过意不去，于是就决定放弃，打算到本地的银行工作。我把这个想法告诉了辛岛老师，老师说："我去跟你父母谈。"第二天，他就来到我家和父亲见面，"稻盛君有别的孩子没有的某种潜质。"辛岛先生当过鹿儿岛中学的校长，受人尊敬。他亲自屈尊来求父亲，父亲无法拒绝。但父亲提出一个条件，就是我得依靠奖学金和打工，不给家里增加任何负担。

1951 年，我最终决定报考大阪大学的医学部，于是便乘坐夜间的列车去了大阪。川上对我说：“你要是选阪大，我也选。”他也跟随我来了。这一次我满怀信心，但还是事与愿违，这个结果对我打击很大。

家里的经济条件根本不允许我复读后再考。当地的县立鹿儿岛大学（后成为国立鹿儿岛大学）招生考试晚一步，我和川上君双双考上了。我进了工学系应用化学专业，学习与药物学有关的有机化学。

在生活上，因为鹿儿岛大学离家不远，可以走读，比较方便。但因为家境窘迫，我常年穿一件夹克和一双木屐上学。参考书因为价格贵也买不起，只好每天都泡在图书馆里，埋头学习。因为身体也必须锻炼，于是我加入了空手道俱乐部。因为空手道最适合我这样的穷学生。只要有一件空手道服就行，而且由于是徒手竞技，不需要任何器械。

我还勤于打零工。在山形屋百货店当巡夜警卫时，我曾经暗恋上一位女店员。川上有亲戚在这家店，靠他牵线搭桥，成功约出那个女孩一起去看电影。我和川上邀她去了天文馆路的电影院。看电影时，我的心思全在身旁的她一个人身上，对电影的内容毫无印象。吃完饭我们送她回家，不识趣的中间人过于热心，关照备至，却忘记了给我们两人单独相处的机会。后来，终于有个晚上，我们两人可以独处了，她却告诉我："马上就要嫁到东京去了。"

1952年，我大学二年级的时候，母亲纪美病倒了，发热不退，诊断时说肺部有阴影。我想："稻盛家果真是结核病之家啊。"在照看母亲时，我感到深深的自责，在孝顺母亲这件事情上我什么都没做过啊。

第二部分

破败的公司

1954年（昭和二十九年）春天，我在鹿儿岛大学升入了四年级，毕业和就业近在眼前。而此时的日本，由于朝鲜战争产生的特需已经结束，就业形势变得严峻起来。考虑到专业对口，我想找一家石化行业的企业。

我把这个想法告诉了挚友川上满洲夫，他说："我叔叔是通产省（日本的政府部门。——译者注）的科长，请他出面介绍吧。"好事不宜迟，我们连招呼也没打，就匆匆上了夜行列车。第二天一大早，就到了川上叔叔位于东京荻窪的家。可是他还在睡觉，又听说是为朋友求职的事，所以连面都不愿见。他太太看在川上君特意从九州赶来的份上，让川上一个人进了家门。不多时，川上从屋里出来，说："真不像话，这么冷漠的叔叔，以后再也不求他了。”我想说“其实给人添麻烦的是我们”，却没能说出口。

这年，连旧帝国大学的毕业生也难于就职，关系不过硬，休想进入有名的大企业。应用化学科的竹下寿雄教授通过各种关系，为我寻找出路，可是需要招人的公司却寥寥无几。尽管我接连参加了帝国石油等公司的招聘考试，可是我没有后台，鹿儿岛大学又是新成立的，毫无名气。虽然大学成绩很优秀，却没有一家公司看中我。“这个社会为什么如此不公平？反正不能正当就业，干脆就当一个知识型的黑帮分子吧。比起这个不公正的社会，日本黑社会倒是更重义气。”我练过空手道，自信力气也不小，愤世嫉俗的情绪在我心中升起，不知不觉中，在闹市区的某黑社会事务所门前，我已经徘徊了多次。

但是，贫困的家中，5 个弟弟妹妹正盼着我上班挣钱。一味抱怨社会不公，人生不会因此顺畅。在这种情况下，只好调整心态，继续努力，忍耐再忍耐。

转眼到了夏季，竹下教授把我叫去，对我说：“我有个朋友，在京都一家制造绝缘瓷瓶的公司，他那里可能会录用你。”当时，我心中只有一个念头：早点工作让父母高兴。虽然是一家从未听说过的公司，我还是当即向老师鞠躬致谢："那就拜托您了。"

但是，说到绝缘瓷瓶、陶瓷行业，那是属于无机化学的领域。那家公司也只想招收陶瓷专业的学生。因此，我急忙追随无机化学的岛田欣二教授，着手研究产于鹿儿岛入来町的优质黏土。研究的时间只剩半年，我把研究成果归纳为毕业论文《入来町黏土的基础性研究》，我的学生生涯也到此结束。

这篇论文让我邂逅了内野正夫先生。那年，正好内野先生当上了鹿儿岛大学的教授，我的论文引起了他的关注。内野先生是著名的技术专家，战前曾参与创建伪满洲国的轻金属公司，战后在整肃运动中被革除公职，整肃解禁后，被鹿儿岛大学聘为教授。

内野老师出席了毕业论文发表会，对我的论文给予了高度赞扬："我读了不少论文，你的论文比东大学生的论文都要出色。"在毕业典礼结束后的谢师会上，他鼓励我说："你将来一定会成为杰出的工程师。"在我离席准备回家时，老师又邀请说："稻盛君，一起去喝杯茶吧！"他带我去了天文馆路一家高档的咖啡店。我是个穷学生，这种时髦的水果咖啡店，我连门都没进过。交谈中，老师谆谆相告，讲述优秀工程师需要具备的心理素质，我深切地感受到了内野老师的深情厚谊。因为这一缘分，在我创建公司之后，还多次请教他。内野老师成了我终生的精神导师。

接受我就职的这家公司位于京都，名为松风工业，专业生产绝缘瓷瓶。公司由松风嘉定于 1906 年（明治三十九年）创立，是日本第一家研发制造高压绝缘瓷瓶的企业，据说风头一时甚至超过了日本碍子株式会社（现在的 NGK 公司）。

父母听说这是京都的一家著名企业，又是制造绝缘瓷瓶的，既有实力，又可靠，所以很放心。临行前，哥哥拍着我的肩膀说："真像出征的士兵啊！"为庆贺我就职，哥哥送给我一套西装，我穿着它，告别了鹿儿岛。

1955 年（昭和三十年），我进入松风工业。公司虽说是在京都，却位于靠近西山的地方，在东海道线的神足车站（现在的长冈京车站）附近。不久我便得知，当时公司已处于银行托管之下，而且原来的创业家族还内讧不断，劳资纠纷也频繁发生。就在这种情况下，竟然还录用了五名应届大学毕业生。大概也就是这样的公司，才会录用像我这样来自乡下大学的毕业生吧。到此时我才搞清了这家公司的背景，但为时已晚。

我被分配到了制造部研究科，负责研发高频绝缘性能优良的弱电用陶瓷材料。因为从 1953 年才有电视转播，所以面向家用电器的绝缘陶瓷的前景被看好。

傍晚，被带到宿舍时，房间的情况让我们大跌眼镜。房子又旧又破，屋里全是稻草屑，连榻榻米都不见踪影。我急忙买来席子钉好。那天晚上，五个同期生聚会，大家异口同声："这样的破公司，赶紧辞职吧！"

宿舍区没有食堂，只能用炭炉自己生火做饭。说是自己做饭，却因为没钱，只能买油炸豆腐配葱，再加上天妇罗的碎渣。天妇罗碎渣放到味噌汤里，体积就会膨胀。每天晚上，就以这个味噌汤当菜肴，填饱肚子。

父母兄弟热情为我送行，出发时我的一腔热忱，此时已经烟消云散。刚踏入社会，职业生涯一开始，竟然如此落寞凄凉。下班后，为做晚饭，我提着菜篮子，去车站附近的副食品店买东西。

“小伙子，没见过你呀，是哪家公司的呀？”当我一回答：“松风工业的。”

对方惊讶道：“啊？怎么在那家公司啊，从哪儿来的呀？”

“鹿儿岛。”

对方一听更惊讶了：“打那么老远来啊，在那样的公司，连媳妇都娶不着哦。”

听他这么说，我的情绪更是一落千丈。

跳槽无门

进入京都松风工业后，公司安排我研究新型陶瓷，又叫特殊陶瓷，其中，高频绝缘性能特别优良的镁橄榄石陶瓷是主要研究方向。同期的其他四个人被分配去绝缘瓷瓶部门，这是公司的主营业务。但主营业务订单逐渐减少，工资延迟发放，经营方面的糟糕状况可谓是一目了然。于是一个人辞职，两个人辞职，到了秋天，五个新人就只剩下两个人了。

我们两个也商量要另找出路，于是就向自卫队的干部候补学校递交了申请，并在伊丹的驻地参加了考试，结果两个人考试都合格了。由于报到时需要户口簿副本，我便写信让鹿儿岛的家人寄来。可是左等右等，一直没有回音。结果错过了截止日期，最终只有那个同事入学了。后来我才知道，是哥哥撕毁了那封信。哥哥认为，一家辛苦，供弟弟上了大学，好不容易进了京都的公司，不到半年就忍受不住，真丢人。我也为自己的短见感到羞愧。

跳槽失败，只留下我孤零零一人。但是在进退维谷中，我反而感觉轻松了。继续发牢骚又有什么用呢？于是，我来了个180度大转弯，下决心全身心投入到研究工作中去。待在脏乱的宿舍，让人情绪低落，我索性就把被褥、锅碗、炭炉都搬进了研究室，逼迫自己从早到晚都埋头于实验研究之中。不可思议的是，这样一来，竟然取得了出色的研究成果。

有了好成果，上司表扬我，我感觉到工作有趣，于是继续努力，又出现了好结果。后来，连董事都来鼓励我。这又成为动力，我更加发奋，结果获得了更高的评价。虽然只剩我孤身一人，但在改变心态的瞬间，我的人生迎来了转机，开始进入了良性循环。

这时，松下电子工业给出一笔订单，要求生产一种U字形绝缘体，用在电视机显像管的电子枪上。这种零件原先从合作商荷兰飞利浦公司进口，随着电视机需求激增，松下希望国产化。我考虑使用镁橄榄石陶瓷来做，经过一年的努力，合成成功，这在日本属首次。

在镁橄榄石的合成中，最困难的是成型。因为矿物原料都是干巴巴的粉末，无法成型。在传统的陶瓷中，都是使用黏土当黏合剂，但是这样会混入杂质，无法获得纯粹的物理性能。一天又一天，这个问题让我伤透脑筋。

有一天，我经过实验室，大概是因为边思考边走路吧，无意中，我被什么东西绊了一下，几乎摔倒。“是谁把东西搁在这地方？”我不禁叫了一声。低头一看，是褐色的松脂一样的东西沾在了鞋上，那是前辈技术员实验时使用的石蜡。

“就是它！”我灵光一闪，在粉末状的原料中，加入纯粹的石蜡作为黏合物，应该能够成型。我急忙把原料和石蜡放入锅里，像炒饭那样混合，然后放入模具里成型，成型很完美。之后，我将成型的零件放入炉里烧结，作为黏合物的石蜡在烧结过程中全部烧尽，成品里不留任何杂质。成功超乎想象，这应该就是上天的启示吧。

这样成功合成的镁橄榄石，不久就被用作原料，生产显像管里用的 U 字形绝缘体。研究的成果被工业化生产，对技术员来说是很大的成绩，我也感受到了极大的成就感。

我想发表一篇论文，阐述这次合成的经验。但是，偶然间我看到，在陶瓷协会杂志上，刊载着一篇成功合成镁橄榄石陶瓷的论文，作者是工业技术院名古屋工业技术实验所（现在的名古屋工业技术研究所）的科长杉浦正敏。在他论文发表的那一天，我赶到名古屋的会场，仔细听他讲述，发现他的合成方法和我的方法完全不同，而且离实际应用还差得很远。尽管如此，我还是请求和杉浦先生会面，并介绍了自己的研究情况。从此与杉浦先生结缘，后来他也进了京瓷公司。

松风工业虽然缺乏生气，但毕竟有着悠久的传统，不乏优秀的技术人员。有一位技术员前辈，就是一个认真踏实、默默工作、精益求精而又朴实低调的人。在混合陶瓷粉末时，要用到一种叫作球磨机的实验器具。为了粉碎原料，在球磨机中放入石球，再放入粉末，然后骨碌碌地转动，让粉末混合。我平时就是这么做的，按照原料粉碎、混合的顺序操作，漫不经心，并没有考虑太多。有一次，我看到那位前辈坐在清洗原料的地方，认真用刷子清洗球磨机。球磨机的石球上会有一些凹坑，凹坑里会沾上前次实验用过的粉末。前辈用刮刀把那些粉末抠出来，再用刷子刷得干干净净。我当时一边看着他，一边想，一个大学毕业的男人竟然还做这种鸡毛蒜皮的小事。

然而，平时只是简单清洗一下的我在实验中，有时结果和预想就会不同。我曾苦苦思索是什么原因，突然这位前辈的身影在我眼前浮现，在那一瞬间，我感觉头脑好像被狠击了一下。

原来如此！如果只是简单清洗的话，器具上还会残留之前实验的粉末，在下次实验时，这些粉末就会混进去，导致陶瓷的特性发生微妙的变化。前辈在仔细清洗实验器具后，再用挂在腰间的毛巾把石球擦拭一遍。是啊！就连“清洗”这么简单的作业，也需要做得彻彻底底啊！教科书上只是写将原料粉末混合成型，在高温中烧制，就可以做出产品。但实际上，这么操作却无法成功。在许多情况下，要自己反复试验，经历多次失败，吃尽苦头之后，才能把问题搞明白。只有经验与理论完美结合，出色的技术开发和产品制造才可能成功。这位前辈的背影，告诉我现场的经验是多么重要。

第二年秋天，我带领的开发团队，作为“特瓷科”独立出来。在我入职的第二年，我已经实际上领导了一个科室。为了进行批量生产，我亲自设计了一种隧道式电子炉，用来烧制新型特殊陶瓷。此时，公司要将业绩差劲的瓷瓶部门的多余员工，调到公司唯一朝气蓬勃的特瓷科来。

虽然我们部门确实人手不足，但我实在看不惯绝缘瓷瓶部门低落的士气。让他们来拖我们的后腿可不行。于是我就与公司谈判，要求自主招聘，征得同意后我便去京都站前的职业介绍所招人。结果召集了一批应届毕业生以及一些有工作经验的人，形成了在公司内颇具特色的工作团队。当然，这些人既没有专业技术，也缺乏对工作意义的正确理解。

当时，陶瓷的开发与制造，是辛苦的体力活。松风工业设备落后，粉末混合等作业又脏又累。一天下来，大家粉尘满身，疲惫不堪。为了鼓励他们，我几乎每天晚上都会把他们召集起来，跟他们讲道理：“为什么必须拼命工作。”“如果没有我们这个陶瓷零件，就做不成显像管。我们现在干的事，是东京大学、京都大学都做不了的高水平研究。没有实践就搞不清陶瓷的本质。我们要为这个世界创造出最卓越的产品！”有时我甚至谈至深夜，但大家都听得津津有味。

有时我们会一起去附近的排档或小酒馆，点上素乌冬面和烧酒，一直聊到酒馆打烊。“过去我们素不相识，现在能够一起共事，这不是缘分吗？”我这样切入话题。“人生只有一次，一天也不可虚度，要竭尽全力。”我热情地诉说，好像要把自己身上的能量注入给部下。最后，我会说：“明天我们再用别的方法试一试，再动动脑筋。”

我把微薄工资的很大一部分寄给了在鹿儿岛的父母，剩下的钱就用来和年轻伙伴们喝酒。生活虽然清苦，但因为大家团结一心，所以我的情绪高涨，丝毫不觉得有什么辛苦。松下电子工业的订单逐月增加，每天都催着我们交货。正在这当口，春斗（每年春季劳方向资方交涉加薪的谈判。——译者注）和裁员问题交织，劳资双方陷入僵局，工会准备发动大规模罢工。我为此十分焦急，如果发生罢工，特瓷科的生产势必停顿，这样就会严重影响松下电子工业显像管的生产。不仅如此，我们还将失去客户的信任，松下U

字形绝缘体的订单可能会发给其他公司。

因此，我下定决心，哪怕破坏罢工，也要维持生产。于是我召集了特瓷科的全体员工，对他们说："我也很想加工资，但是，现在发起罢工会有什么后果？不仅给松下公司带来损失，而且他们势必立即另寻制造商。我们一心想通过新型陶瓷重建公司，可如果客户抛弃我们的话，公司就会走向破产。到时候别说加薪，就连明天的口粮都会失去。我们特瓷科决不参加罢工，我们要加紧生产，为此，大家要一起坚守在车间里。"停产一天，会给客户带来多大损害，大家都很清楚。另外，平日里我不厌其烦地诉说的工作意义，或许已经刻在大家的头脑里，所以大家一致同意，不参加罢工。

由于工会的纠察人员在公司门口设置了哨卡，一旦进入公司就很难再出去，我拿出手头所有的现金，购买了罐头等应急食品，连同燃料、被褥一起，住进了工厂。问题是如何把产品发出去。特瓷科有一位女性，因为不能让她也住在厂里，所以就让她每天早上来到工厂后面的围墙处。我一大早悄悄地将打包好的产品抛出去，等候在围墙外的她接到后就送给客户。这位女士，后来就成了我人生的伴侣。因为公然破坏罢工，我被骂作“公司的走狗”和“装模作样”。我坚信自己没有做错，所以无论遭受怎样的指责，我都毫不在意，并据理力争道：“我完全没有敌视工会的意思，也绝不是公司的帮凶，只是不想熄灭大家拼命努力才点燃的希望罢了。”工会自然也知道多亏了特瓷科，公司才能生存下来。我无论如何都要让这项事业走上正轨，慑于我的这种意志和热情，工会尽管仍然批判我“破坏团结”，但实际上也不得不默认了我的行为。

由于负责绝缘瓷瓶出口的第一物产（现在的三井物产）不满意松风的经营状况，来厂进行实地调查。入驻的调查团团长是战前三井物产的纽约支店店长吉田源三先生。他当时作为第一物产顾问，是位说一不二的大人物。因此，松风工业这边自然是非常紧张，严阵以待。一天，这位吉田先生突然说道：“你们这儿好像有一位叫稻盛的年轻人，我想见见他。”公司的干部们都吃了一惊，被急忙叫来的我也很吃惊，完全没有头绪。“你就是稻盛吧！叫你过来也没有其他的事，我和鹿儿岛大学的内野君（内野正夫教授）是东京大学的同学，在东京见面时听说了你的事情。”接着他便邀请我晚上外出畅谈一番。

我穿上自己最好的西装前往大阪，来到约定见面的宾馆。我从未进过如此豪华的宾馆，走进大厅时不由得茫然失措。也许是注意到了我的紧张，吉田先生安慰我说："随意些，叫我吉田就好了。"而他却称呼我为"稻盛技师"。他和内野老师一样，没有小看我这样一个毛头小子，而是认真地听我说话。趁着这样难得的机会，我坦率地吐露了平时的所思所想。比如进入公司以来，我致力于镁橄榄石陶瓷的开发，并将其商业化，现在上了轨道；为了重振松风工业，应该为员工们明确指出公司前进的方向等。吉田先生听完后说："稻盛先生，你虽然年轻，却有着自己的一套哲学。"和吉田先生道别后，"哲学！""哲学！"我口中反复念叨着他所说的这个词。

对立与决断

当初我曾想："这种破公司，赶紧离开。"但不知不觉间，我已经在松风工业度过了三年时光。

有一次，巴基斯坦一家低压瓷瓶制造公司的社长，前来考察我设计的电炉。后来，出口电炉的谈判成功了，但他指名道姓，要求我去当地指导安装和生产。我动心了，以前我也曾有过什么时候能去海外看看的想法，没想到机会来得这么快。对方开出的薪资也是董事级别的。有这种待遇的话，我就可以给乡下的父母多寄点钱，回报他们一直以来的辛苦。正在我犹豫之际，公司已派遣别人替代了我，因为公司认为，如果我不在的话，松下的订单会出现问题。还好，巴基斯坦的设备安装顺利结束，完成了交接工作。可是，那边的社长又发来邀请："我这里虽然有德国技师管理工厂，但你的热情远超他，所以希望你来担任技师长。”收到这样的邀请，远在家乡的父母的面容又一次浮现在眼前。

这时，恩师内野正夫正好去东京出差，回鹿儿岛时要途经京都车站，有停留的时间，我决定利用这一机会征询他的意见。那时，老师关注的不仅仅是学术领域，他认为，为了战后日本的复兴，应该兴办重化学工业，并为此奔走活动。他曾多次向通产省陈情，建议在雨水丰沛、水资源充足的屋久岛建立水力发电所，将其所发电力用于重化学工业。

老师从晚间特快列车“燕子号”的车厢出来，我向他吐露了自己“正在烦恼纠结”。老师一反常态，用严厉的口吻表示反对：“虽然你是很优秀的技术员，但是去巴基斯坦瓷瓶工厂当技师，零敲碎打地出卖自己那点技术，这样的事决不能干！尖端科技的发展日新月异，你这么一去，很快就会赶不上技术发展的步伐。你好不容易才在特殊陶瓷的研究上崭露头角，这样放弃就太可惜了，我坚决反对。”我没有想到老师会说得这么明确，只有一个劲地点头称是。

我被提拔为特瓷科主任的三个月后，变局突然降临。日立制作所向我们订购陶瓷真空管。作为研发负责人，我使用镁橄榄石陶瓷反复试制，但结果都不如意，正在恶战苦斗之际，新任的技术部长向我摊牌：“凭你的能力恐怕不行了，我会让其他人做，你就撒手吧。”

我这个人只要认定一事，就会心无旁骛，一个劲儿走到最后。前任技术部长青山政次先生（后来担任京瓷公司社长）理解我，支持我，放手让我干。他说我是“只要让他自由，就能发挥潜力的那种类型”。可惜，当时公司换了个银行出身的社长，青山先生被调离，继任的技术部长是外来的，“难道就你懂新型陶瓷吗？”听他这么说，我顿觉气血上冲，心想：“既然说我不行，那我就辞职！”

听说我要辞职，特瓷科的部下们都涌进我的宿舍。“既然这样，不如自己创业吧。”有人这么提议，大家纷纷赞同：“我也辞职跟你干。”连青山先生也大声说：“好！那我们就设法筹款办公司吧！在稻盛君上面配人，那是不行的。”

其实，青山先生心里已有投资者人选，那就是他京都大学工学部的同学西枝一江先生和交川有先生，两人分别担任京都配电盘厂家——宫木电机制作所的专务董事和常务董事。我们来到西枝先生家里，汇报了事情的来龙去脉，请求他出资，可在场的交川先生却斥责青山先生："你是傻子吗？""我虽然不知道这个稻盛有多优秀，可一个二十六七岁的小青年能干成什么？！"

青山先生毫不退让，他说："稻盛君的热情非同寻常，必成大器。"交川先生反驳道："单凭热情，能干成事业吗？"我也竭力说服对方："新型陶瓷的时代一定会到来。"此后，我们又几次登门拜访，低头恳求。

最终，宫木电机的宫木男也社长表示愿意一同出资。资本金300万日元。宫木社长及其公司的相关人士出资130万，西枝先生出资40万，交川先生出资30万，剩下的100万算是青山先生和我们出的，因为我们没钱，出资人同意我们以技术入股，这算特别照顾了。工厂暂借宫木电机空置的房子当厂房。

由于前期需要电子炉等设备投资，还需要周转资金和采购原材料等，所以还需要约1000万日元。在向银行贷款时，西枝先生拿自己的住宅抵押担保，据说他事先曾对妻子说："我们这个房子，可能会被银行拿走哦。”他妻子却笑着说：“因为你是被男人迷住，所以我才不会介意呢。”

听说宫木社长从董事处募集资金时说：“这不是成立子公司，这是在稻盛这个年轻人身上赌一把，所以投下去的钱可能打水漂。”这些明治汉子身上的豪气，让我钦佩不已。他们给了我一个机会，让我的技术得以问世。

歃血为盟

1958年（昭和三十三年）12月，我从松风工业辞职。第二天，我和特瓷科的同事须永朝子结婚。

我因繁忙睡在公司的时候，有一天桌上放了份盒饭，和我平时寒酸的午饭不同，盒饭里装满了美味菜肴，让我很感动，于是我颗粒不剩，一扫而光。结果第二天又来一盒，开始时我只管享用，没顾得上问是谁做的，后来才知道是她做的。据说，当时她并非对我有好感之类的，只是看我日子过得太惨，心生同情而已。但她的这份用心，让我非常感激。

后来就更进一步了，我干脆到她家里吃饭了。就这样，我被朝子的美食俘获，最后和她走到了一起。结婚仪式在位于京都东山蹴上的市立设施内举行，婚宴只有蛋糕、咖啡，非常简朴。

我决定带着新婚妻子回一趟鹿儿岛老家。我们先坐上去九州的列车，途中突然想到这也算是新婚旅行了，应该顺路去一趟别府（日本的旅游胜地，以温泉知名。——译者注）。我记得，当时我们在门司港车站打听到了别府的旅馆并订好了房间，然后，从别府车站打车去山里。第二天去了我小学修学旅行时去过的雾岛。我明明记得，只要顺着雾岛神宫站前面的岔路走，就有一家带有乡土气息的温泉旅社，可是任凭我们走断双腿也没找到。原本想带妻子去我记忆中的地方，可是愿望落空，最后我们只好在火车站前的旅馆住了下来。在别府和雾岛住的这两天，就算是我们简单的新婚旅行了。

朝子的父亲须永长春（本名禹长春）毕业于东京大学农业系，是一位植物育种专业的农学博士，担任过京都泷井育苗农场场长等职。二战后，他回到生父的故国韩国，重振凋敝的农业，被尊称为“韩国近代农业之父”。我只见过他一次，因为同是研究人员，所以谈得十分投机。

接下来该说说新公司了。创办公司有了眉目之后，一天晚上，八位同志全都聚到我的房间，他们都是从松风工业辞职，和我一起创业的伙伴。有现任的日本京瓷的会长伊藤谦介，还有浜本昭市、德永秀雄、冈川健一、堂园保夫、畔川正胜以及青山政次先生。除了 56 岁的青山先生之外，大家都是年轻人。当时我 27 岁，其他人也只有 21 岁到 25 岁。

大家发誓，假如公司经营不顺，到时哪怕去职业介绍所，或找别的工作，也要支持我把技术开发进行下去。我提出辞呈时并没有考虑后果，但却有人为我筹办企业，四处奔走。还有年轻人甘愿将自己的人生托付于我。

我难以抑制心中的激动，大声说道："为了不忘今日的感动，我们按血印宣誓吧！"大家血气方刚，一齐响应："赞成！没有异议！"冈川立刻起草誓词，誓曰："我们团结一心，立志做成为社会、为世人的事业，一众同志特聚于此，歃血为盟。"我带头签名，割破小拇指，按上血印。

公司取名为"京都陶瓷（京都 ceramic）"。古都京都举世闻名，作为特殊陶瓷的新型陶瓷（ceramic）虽然还不为世人所熟知，但却有一种现代感。公司员工总共 28 人。社长请宫木电机的社长宫木男也来当，他也是最大的股东。青山先生担任专务董事，我担任董事兼技术部部长。松风工业时期的前辈北大路季正先生也加入进来。1959 年 4 月 1 日，京都陶瓷的成立纪念典礼在中京区西京原町的总部举行。宫木社长亲自点燃了电炉，象征着充满希望的开始。

当晚，公司干部齐聚一堂，举办小型宴会庆祝公司成立。我做了如下致辞："虽然现在我们租借宫木电机的仓库创立公司，但我们一定要成为原町第一的公司。成为原町第一后，目标就是西之京第一；成为西之京第一后，目标就是中京区第一，接下来是京都第一，实现了京都第一，还有日本第一；成了日本第一，当然要做世界第一。"我如同痴人说梦一般，描绘着宏伟蓝图。既然干了，目标就定得越高越好。

新公司近旁有一家生产扳手、活动扳钳等汽车修理工具的公司，我每天上下班都要路过。当时汽车产业方兴未艾，这家工厂也是一派繁荣景象。因为公司刚刚创办，我经常一早上班，深夜才回家，但每次经过这家公司时，总能听到铁锤的敲击声此起彼落，看到火花四处飞溅，工人们敲打着烧得通红的钢板，制造扳手等产品。我们宣称要成为西之京第一，可是一看旁边，就有这样从早到晚叮叮咚咚忙个不停的公司。我当时就有一种直觉，单是要超过这个邻居就不那么容易。

更何况，在中京区还有岛津制作所及日本电池等大企业，想要超过他们，得花费多少时日，简直无法想象。虽然我们揭示了高目标，但实际上，要过好今天这一天，就得全力以赴。为了做好客户下单的产品，就得拼命努力，连考虑明天的余力都没有。坦率地说，我们虽然想把公司做大，但如何做大的蓝图或战略，当时根本就没有。

尽管如此，我还是反复诉说，“早晚要成为世界第一”。一杯酒下肚，我就念叨：“早晚要成为日本第一，世界第一。”犹如念经一样唱诵。虽说这是为大家打气，但同时这也是我自己的强烈愿望，我们公司迟早要名满天下。起初，只要我一讲，大家就说：“又来这一套了。”只当作耳旁风。但听了几次、几十次以后，在无意识中，他们也渐渐认真起来了。我要打动员工们的心：“现在工厂虽然弱小，但一定要胸怀大志。”

幸运的是，松下电子工业向我们大量采购镁橄榄石陶瓷制品，用于电视机的生产。但是，由于设备和人员有限，而且很多员工不熟悉生产技术，为了让批量生产走上轨道，我们吃尽了苦头，克服了一个又一个困难。日复一日、通宵达旦的工作让所有人疲惫不堪。大家认为这样下去的话，也许能撑上一周或10天，但终究无法长期坚持。有人劝我说："这就像马拉松，应该合理调配节奏。"对此，我是这样回答的："因为赛程很长，所以应该放缓节奏慢慢跑。但是，一个马拉松的新手有考虑节奏的余裕吗？在整个行业的马拉松比赛中，我们是最后起跑的，是倒数第一。而且我们不是专业选手，即使全力奔跑，能不能追上，还不知道，即便拼命奔跑也未必有胜算。但是，至少在开始阶段，应该以百米冲刺的速度奔跑，只要跑得动，就要竭尽全力往前跑。"

在晨会上，我鼓舞员工："认真度过今天这一天，自然就能看到明天；认真度过明天，就能看到一周；认真度过这个月，就能看到下个月；认真度过这一年，就能看见下一年。在当下的每一个瞬间大家都全力以赴，这才是最重要的。"

就这样，我们心无旁骛，持续奔跑了一整年。结果销售额达到了 2600 万日元，税前利润达到 300 万日元，实现了盈利。据说，宫木社长和西枝先生都做了连续几年亏损的打算。到了第二年，销售额和利润更是呈现倍增的势头。这是全员团结奋斗的成果，我们开始有了自信。但就在此时，意想不到的事情发生了，我遭遇到年轻员工们的反叛。

年轻员工的反叛

这事发生在京都陶瓷创立的第三年，1961 年（昭和三十六年）4 月底。前一年进入公司的 11 名高中毕业的员工，突然来到我的办公桌前，提交了一份请愿书，内容是要求我承诺，给他们定期加薪并发放奖金等，为他们提供未来的保障。

带头的员工态度强硬，他说："要是不同意，我们就集体辞职。"虽然这很像工会与资方之间的集体交涉，但当时他们还没有这个意识。如果他们威胁我，说不同意就罢工的话，我一定会回敬他们，"那就试试看"，肯定会大吵一场。但他们提出要辞职，说明事态严重，不容易处理。所以我决定沉下心来，倾听他们的心声。我自己在松风工业工作时，也有过想要尽快辞职的痛苦经历。

公司不大，我了解他们勤恳工作的态度。上班时间虽然是从早上8点到下午4点45分，但实际上，加班到深夜是家常便饭。跟我从松风出来一起创业的人，全是工作狂，对通宵工作毫无怨言，头脑里没有什么时间概念。初中学历的员工因为要上高中夜校，所以让他们按时下班。但是高中毕业的员工，理所当然要陪着上司，每天加班好几个小时，有时连星期天也被迫上班，不满情绪因此日积月累。话虽这么说，可是，刚成立不久的公司没有能力对他们的将来提供保证。但无论我怎么劝说，他们仍毫不退让："每年要涨百分之几的工资，要发几个月奖金，如果不同意，我们就辞职。"

后来我听说，为了不出叛徒，他们甚至都按了血印，在血气方刚这一点上，与我一模一样。当时，我租住在嵯峨野广泽池附近的两居室市营住宅。因为在公司里谈不拢，我就把他们带回家。我对他们说："明年工资提个百分之几，承诺很简单，但是如果兑现不了，那就是骗你们了。这种违心的话，我不愿说。""你们不相信我，我也没办法。但是，你们既然连辞职的勇气都有，拿出上一回当的勇气不行吗？"

在家里我和他们促膝而坐，诚恳交谈长达三天。他们一个又一个被我说服了，剩下最后一个人，依然固执己见，他说：“这是男子汉的骨气。”面对着他，我说：“如果我背叛你，你就用刀把我捅了。”话说到这份上，他最后竟拉着我的手哭了起来。

谈判结束后，疲惫之余，我感觉心情沉重。就这么一个不起眼的小公司，年轻的员工们却把自己的一生相托。但就我而言，连家乡的父母兄弟都没有照顾周全，却要对录用不久的员工们的一生负责。回顾当初，创业的目的，只是想让自己的技术问世，如今却要背负如此沉重的包袱，难道这就是所谓的企业经营吗？这是我始料未及的，为此我每天都闷闷不乐。

长达几个星期的烦恼之后，我终于想明白了，顿觉一切都豁然开朗，我意识到：“经营企业如果只是为了追求技术者个人的浪漫理想的话，那么即使成功了，也不过是以牺牲员工为代价的繁荣。企业理应有更重要的目的。企业经营最基本的目的，必须是长期地守护员工及其家人的生活，必须是为大家谋幸福。”这么一想，胸中的闷气一下子烟消云散了。基于这一体验，我这样揭示企业的经营理念：“追求全体员工物质与精神两方面的幸福。”京都陶瓷也从一家以实现我个人理想为目标的公司，重生为以追求全体员工幸福为目标的公司。

这么改了，我觉得还不够。自己的人生，仅仅是照顾好员工就够了吗？作为社会的一员，应该具备崇高的使命，这一使命值得我倾注毕生的精力。因此，作为终生追求的理念，我又在后面加上了“为人类社会的进步发展做出贡献”这句话。

企业的经营理念必须获得全体员工的共鸣，让他们从心底里接受，必须根植于普遍正确的价值观，否则就没有意义。这一经营理念的确立，为企业经营构筑了坚实的基础，它在我此后的人生观中，占据着极为重要的位置。

公司创业后不久，每当烦恼苦闷时，总有一个人聆听我的倾诉，为我排忧解难，他就是西枝一江先生。创业之际，他曾经抵押自己的住宅，为我筹借资金。一遇到难以忍受的事情，我一定去找西枝先生商量。西枝先生原本出身于新潟的寺院。每当我疲惫时，他一眼就能看出，会说：“知道了，走，咱们喝酒去。”然后带我去祇园一家他经常光顾的酒店，那是由新潟的一对艺伎姐妹经营的家常菜馆。在那里他为我斟上美酒，给我加油鼓劲。

他就是这么个人，一边鼓励我，一边教给我经营者的喝酒方法。最初和他喝酒时，我会像在鹿儿岛时对待前辈那样，一个劲儿地给他斟酒。他说："不能这么急着斟酒，酒要慢慢喝，喝得舒服。"当我不再斟酒时，他又说："偶尔也得斟一下嘛！""无论什么事，把握节奏和分寸很重要，这点要记住。"因为是我的创业恩人，他向我敬酒，我只能乖乖喝下，他却说："喝酒是为了陶醉，像你这般猛喝，会伤身体。"当我还是忍不住乘兴一饮而尽时，他又说："不要被酒灌醉啊。"最近我的酒量骤然下降，但在这条道上，至今我还在修行中。

斗争心与泪水

京都陶瓷创业之初，依靠的是松下电子工业的订单。必须趁着还有订单的时候开发新客户。于是，我冲到销售第一线，跑遍了研究开发显像管、信号收发器、真空管等电子管的制造商和研究所，包括日立制作所、东芝、三菱电机、索尼、日本电信电话公社的电信通信研究所等。

因为U字形绝缘体这种新型陶瓷高频绝缘材料是新材料，之前没有实际应用的案例，所以推销要花很长的时间。“这是我们开发的高频绝缘材料，性能卓越，请您一定试用一下。”我拿出样品，观察对方的反应。这中间，有的厂商表示出兴趣，“那么，用这种材料，做这样的东西，你们能做吗？”说着就把图纸给我看。那些产品几乎都是日本从未有过的产品，而且要求的精度和性能是我们现有技术不可能达到的。但我当即表示“我们能干！”接下订单。如果是现有的老牌厂家能够生产的产品，因为他们有信誉，订单肯定会给他们。京瓷没有名气，只能接受其他公司做不了或不愿做的订单，这是京瓷唯一的生存之道。这种时候，如果没有相关的设备，我们就去找有这种设备的工厂或工业试验场，同他们交涉，向他们租借。在对方下班的时候我们进去，到第二天早上，对方开工之前把设备交还。当然，这样一来，我们就得通宵工作。所以，我白天跑销售，晚上搞研发，一人兼二职，向未知的、首创性的产品制造发起挑战。

销售活动不局限于大城市，还要去拜访各地的厂家。有一件事，让我无法忘怀。当时，正值严冬，我和专务董事青山政次先生一起去拜访一家位于富山县立山脚下的电阻器厂商。当地被深深的积雪覆盖，我出生在南国的鹿儿岛，特别怕冷。雪灌进了鞋子里，脚冻得难以忍受。好不容易到了这家公司，但对方却说：“对你们的产品，我们没兴趣。”吃了个闭门羹。“让我们见一下贵公司的技术人员吧！”不管我们怎样恳求，对方还是不理不睬。毫无办法，饥寒交迫的两个人默默无语，垂头丧气地回到富山车站。

车站的候车室有个火炉，我赶紧把手伸到火炉上取暖。旁边就是个煤堆，暖炉被烧得通红。我刚松了口气，突然闻到了一股焦煳味。一看脚下，我那件宝贝大衣的下摆竟然被烧着了。原来因为实在太冷，我与火炉贴得太近了。

青山先生曾经接过一笔意料之外的订单。作为开拓新客户的重要一步，他先从我们所在的关西地区寻找突破口，走访了三菱电机伊丹制作所。正巧三菱电机需要冷却通信管道的陶瓷蛇管，却没有公司愿意承接。正在犯愁之际，听说京瓷什么订单都愿意接，“既然如此，那就拜托你们了”。客户定制的是一种外径30cm、内径 20cm、高 60cm 的大型陶瓷圆筒，其中冷却用水通过的空洞呈双层螺旋状。面对如此复杂的形状，听说连技术实力雄厚的某绝缘子专业厂家都谢绝了。三菱电机出价一根 5 万日元，一个月至少要用 10 根。

这对当时的京瓷来说，是很有吸引力的。青山先生认为，使用挤压机，总有办法做出来，而且利润可观，便接下了这活儿。但这并非新型陶瓷，而是普通陶瓷，况且连专业厂家都拒绝了。我也很吃惊："这未免大胆过了头。"但是现在再说不行，已经为时过晚。我天生就不服输，而且到了这一步，也只能知难而上了。

为了解决蛇管的尺寸比我们手头的挤压机的口径大的问题，我首先装上一个接头，然后，通过旋转一个外径为20cm的木制外框，让挤压出来的黏土附着其上，这样尺寸的问题就顺利地解决了。但是又遭遇到干燥难题。因为没有干燥室，我们就把它放在电子隧道炉下面的平板上烘干。由于放着烘干时受热不均匀，蛇管出现了裂缝。10根里面，有七八根都有裂痕，只有两三根是合格品。

这个干燥过程中的裂缝问题让我大伤脑筋。一般来说，要烘干大型黏土制品，都要在干燥室里，认真调节好温度和湿度，慢慢烘干。可是，我们没有资金购买烘干设备。这时，我突然想到，用布把出现裂痕的两端包住行不行，于是我立即用布把刚成型、湿的蛇管裹住，而且，为了让每个面都能均匀干燥，我决定在炉边抱着它睡觉。一边从上方给它加湿，同时适时旋转，以达到均匀干燥的效果。整个晚上我都像抱着一个婴儿一样，守到天明。这样一来，10根产品中，有七八根都合格了。

因为缺乏资金，我们只能绞尽脑汁。我们拼命努力，动脑筋，想办法，克服了种种困难，最终把事情做成了。几年以后，有一家大企业申请一项专利——在对大尺寸的圆形陶瓷产品进行干燥时，用布包裹。我得知后很惊讶，我们公司早已实际使用的方法，居然还有人申请专利。这项工作很费力，却不赚钱。然而，连专业厂家都不敢做的产品，作为外行，京瓷却出色完成了，满足感油然而生。从接下订单到最终完成，花了三四个月的时间。员工们最初都认为做不出来，但就在这当口，我执着的信念，给全体员工植入了“决不放弃”的信念。对于我来说，这方面的收获才是值得高兴的。

为了在东京立足，我们在那里设立了办事处，安排了负责人，天天走访厂家。然而，京瓷没有名气，在日本，新手参与，壁障很厚，要打入竞争对手的势力范围，谈何容易。挫折连连，让我懊恼不已。当时，日本的大型厂家大多从美国引进技术。于是我就想，既然如此，就应该先设法让美国厂家使用我们的产品。

美国市场开放，公平透明，我们可以凭实力占据一席之地。如果在美国一炮打响，那么日本的厂商也就会竞相采用我们的产品。

1962年（昭和三十七年）夏天，我只身一人前往美国，预计出差一个月，这是我第一次出国。那年代是固定汇率，1美元兑换360日元，携带外币出境还有限制。我带了相当于100万日元的现金，对于刚建立四年的公司来说，这绝非一个小数目。

出发前一天，我去拜访了住在千叶县松户市公团住宅的朋友，在那里学习了西式卫生间的使用方法。出发当天低云笼罩，眼看大雨将至。家人、公司全体干部都来为我送行，送行人中甚至有人直接穿着工作服，连夜坐火车从工厂赶来。

在纽约，拜托一家商社居中介绍，我每天都去该商社的事务所。接待我的职员虽然也帮我安排，但只是简单联系一下，进不了想进的企业。如果我懂英语，就敢自己一个人去闯，但是因为不会讲英语，连吃饭点菜都困难。我别无选择，只好每天都待在事务所，直到深夜。早上也在事务所开门前就等在门口。也许是我的执着打动了他们，对方终于开始带我去走访客户了。每当我拿出样品，客人都会一阵惊叹，做工太精致了！

其中甚至有陶瓷厂家提出“希望把这种加工技术教给我们”。但关键的商业谈判却毫无进展。这次美国之行，我接触到发达国家的新鲜空气，同时京瓷的技术水平也获得了认可。我凭这两条安慰自己，但具体成果为零，我只能带着遗憾无功而返。

一个月的美国之行快结束了，在回国前夜，这家商社为我举办了告别酒会。席间，这家事务所所长致辞说：“至今为止，我们在美国接待了许多来自日本的客户，但没有一个人像稻盛先生这样敬业，每天都来上班，只顾工作，心无旁骛。多数人对工作都是马虎凑合，净想着观光游玩。所以，该向稻盛学习的是我们。”

我带着悲壮的情怀，下决心来美国，但这家商社没能满足我的期望。“我用公司宝贵的经费来到美国，争分夺秒地完成工作任务，希望能够带着成果早日回国。我原来期待，在贵公司的帮助下，能够顺利打开局面……不过，预定的日程算是平安结束了。”我的致辞说不清是感谢还是不满。随后我为大家演唱了日本当时正流行的歌曲——村田英雄的《王将》，我改换了里面的歌词。

明日我将赴纽约，
誓将胜券手中握。
灯光入云通天阁，
一腔斗志如烈火。

结局如此惨淡，还能再来美国吗？我一边这样想，一边又想，总有一天要卷土重来！

这时，参加送别会的一个美国女员工问我，学生时代练过什么体育项目。我说练过空手道，她就说想见识一下。我看了一下四周，一边堆有塑料板，是用来铺办公室地板的。于是我将15块塑料板叠在一起，猛击一拳，塑料板顿时一分为二。刹那间，我的手指溅出鲜血，把盖在塑料板上的手绢都染成一片红色。要是日本女性，就可能吓得背过脸去。到底是美国女孩，看见飞溅的鲜血，反而兴奋欢呼起来。看我那么认真老实的一个人，一旦遇事，居然有这么大的勇气。她钦佩之余，还跑过来要求跟我握手。

此后，我到海外拓展业绩的愿望与日俱增。两年后，我又经由香港，到欧洲和美国出差。这次我有了一位得力助手，他就是原松风工业的贸易部长上西阿沙（后担任京瓷副社长），一年前进了我们公司。上西比我大 11 岁，在加拿大的温哥华长大。英语会话自然没问题，而且他还精通贸易业务，在各国都有人脉。我想，这次是依靠自己人，与不能按我的意图开展工作的商社相比，效率一定会提高百倍。于是，我们二人精神振奋地踏上旅程。然而，事与愿违，我俩在每件事上都发生冲突。

我的态度是：不管用什么方法，哪怕闯入客户的公司，也要把产品推销出去。这次再也不能空手而归了。我的决心很是悲壮。但是，事不遂愿，每天拖着疲惫的身躯回到旅馆时，我就抱头哀叹："今天又白干了，公司的宝贵经费又打水漂了。"

看到我这个样子，上西却异常冷静："努力了也拿不到订单，这也是常有的事。"

"这样下去公司会倒闭的，我请你上西一起来，就是为了拿订单的。"

"拿不到的东西就是拿不到嘛，事情总需要一个一个地解决。"

两个人你一言我一语，话不投机，声音就大起来了。

维也纳、罗马、伦敦，还有巴黎，无论走到哪个地方，所有人对我们的技术水平之高，都感到瞠目结舌，但就是没有签单成交的。有时我会因为觉得“愧对公司伙伴”而流下眼泪，上西看到我居然因为这个而哭，显露出无法相信的神情。

我希望上西能毅然抛弃他的那些常识，倾注超越极限的努力，和我共同打造一家所有人都能同悲共喜的公司。我希望他把自己变成一个“善于感动”的人。

一天又一天，我不厌其烦，反复对他说：“即使目前的商谈没有结果，但是我们必须一味地努力再努力，努力到让神灵感动，让神灵因为可怜我们，所以帮助我们获得订单。除了付出这种程度的努力之外，别无他法啊。”

上西最初很抗拒，后来终于成了我最亲密的同志。在京瓷的海外战略中，上西发挥了核心作用。与此同时，全球奔走的辛劳也开始开花结果。1964 年年底中国香港的微电子公司、第二年美国的仙童半导体公司等先后与我们洽谈生意，之后开始向我们批量采购晶体管用的陶瓷串珠。

人人都是经营者

1964年（昭和三十九年）4月，京都陶瓷迎来了创业5周年纪念。公司由成立时的28人发展到了150人。为了隆重庆祝公司5周岁生日，全体员工来到了远在和歌山县的白浜温泉。以此为契机，青山政次正式就任公司第二代社长，我则升任专务董事。

之前在京都向宫木电机租借的厂房如今已显得过于狭小，因此我一直在寻找合适的场地。这时，正在热心招商办厂的滋贺县蒲生町联系到了我们，说有一块7800坪（约25700平方米）的土地可供我们使用。我开着我们的第一辆公司用车斯巴鲁360前往现场。

那里原本是军用射击练习场，是一片地势较高的丘陵。北侧计划要修建名神高速公路，并且距离计划中的八日市高速路出入口也很近。我站在那片荒野上，心中描绘着未来多座厂房林立的蓝图。1963年我们在那里建成了第一栋厂房，然后不断增建，1966年公司总部也搬了过去。

滋贺工厂厂房的旁边有一片松树林。我本想把那里当作放置不良品的场地，可偶然在那儿发现了松茸。我们采摘了很多，办了一个自助松茸牛肉火锅。但这招来了当地人的不满——“不能随便摘采”，虽然我们坚称“这是在我们厂区之内”，但他们依然不依不饶：“自古以来，这一带的松茸就是这个地区的共同财产。”我们不能无视当地的风俗习惯，所以松茸第二年就和我们无缘了。

从街道工厂起步的公司，已发展到超过百人的规模。与此同时，我有了一种担心。至今为止，我们依靠满腔热情迅速成长。但是，我们会不会失去开拓者的热忱呢？会不会沦落为一家随处可见的、稀松平常的公司呢？这样的恐惧感与日俱增。

我经常使用“同志”“伙伴”这样的词。因为我们公司的创业背景和一般企业不同。以我为中心，8位同志聚集一起，由出资帮助我们的朋友做股东，公司才得以起步。相互之间的心灵纽带是基础，公司内部人与人之间的关系，不是经营者与员工的纵向关系，而是朝着同一个目标，齐心协力，共同实现梦想的“同志”关系，也就是所谓的横向的“伙伴关系”。创业以来，我们心心相连，誓言彼此为大家，不惜一切努力。可以设想，这样一家弱小的公司，如果大家离心离德的话，必将一事无成。

10个人或者20个人组成一个大家庭，就会产生很强的一体感。比如说，负责销售的人飞奔回来说：“接到订单了！”在场的人都会兴奋欢呼，都像是自己的事一样。深夜，“卖乌冬面的来喽！大家歇一歇，一起吃面吧”，气氛顿时热闹起来。这就是街道小厂的魅力。我认为，能够像一家人一样经营企业，员工和公司都会很幸福。

从这个意义上讲，为了最大限度地发挥个人的能力，为了让大家怀着喜悦的心情投身于工作，该怎么做才好呢？我认真思考这个问题。最后我想到，只要回到创业之初的状态不就行了吗，就是让大家都变成经营者。把公司按照工序、按照产品类别，分为若干个小组织，让它们都像一个街道小公司一样，自主经营，独立核算，独立运营。这些小组织并非一成不变，它们能适应环境的变化，进行自我增殖，因此被命名为阿米巴。即使公司越变越大，但只要按照事业目的，将企业划分成独立核算的小组织，那么，像中小企业经营者一样，拥有经营者意识的领导人和员工就会不断涌现。不仅如此，由于阿米巴的全体成员都知道自己阿米巴的目标，都为实现目标各尽其职，这样，个人能力能获得提高，也能劲头十足，投入工作。但是，实现这个目标的前提是，公司必须具备普遍正确的经营哲学。在京瓷的经营理念中，公司并不是只为少数人谋利益，而是为所有伙伴，也就是为全体员工谋幸福。正因如此，员工们才会积极参与经营，努力提高业绩。

在此基础上，我不断对员工们强调拥有“关爱之心，利他之心”非常重要。由于采用了彻底的独立核算制度，各阿米巴都全力以赴，努力提高自己部门的收益。但是，这又会在不知不觉中滋生“只要自己好就行”的利己意识。这样的话，各阿米巴之间就会出现相互拉后腿的现象，结果导致公司内部瓦解。因此，各阿米巴一边要堂堂正正地展开竞争，一边又要相互体谅，这样阿米巴经营才能获得真正意义上的成功。

由于阿米巴经营的基础是利他哲学，所以并没有形成高业绩与薪酬直接挂钩的机制。取得了优异的业绩，意味着为大家做出了很大的贡献，对于这样的阿米巴，给予的是表彰和荣誉。得到的是为大家做出贡献的满足感，以及来自亲密伙伴的感谢和赞叹，这才是人所能获得的最高报酬。

利他哲学以及在此基础上建立起来的阿米巴经营模式，两者融为一体，支撑着公司的发展，成就了今日的京瓷。如今，仅日本国内，京瓷的员工就超过了13000名，阿米巴的数量超过3000个，并且势头有增无减。

在实践阿米巴经营的同时，为了把员工的心凝聚在一起，我还频繁举办“空巴”（联谊酒会。——译者注）。虽说是酒会，但和社会上一般的宴会又很不一样。虽然也有饭菜和酒水，但是并不喧闹嘈杂。大家围坐在一起交杯换盏，诉说自己工作中的烦恼，谈论职场的问题，甚至谈到各自的人生观等等，不管什么都可以交谈。我喜好议论，常常到天亮前都不愿放下酒杯。我特别鼓励举办空巴，无论在公司总部还是在各地工厂，我都要他们设置用于空巴的日式房间。

虽然有人说“这种做法太过日本化了”，可是我认为，没有比促膝而坐、议论风生更好的沟通方式了。因为只有在这个时候，才能不分上司和部下，全员坦露胸怀，直言不讳，相互建言。有时，在旁人看来，还以为我们在吵架呢，但只有让大家展开激烈的辩论，京瓷哲学的精髓才能传递给员工。空巴是心灵和心灵联结的绝佳场所，同时也是教育的现场。

滋贺工厂开工不久，深夜，公司内的空巴已经散场，但大家还不愿分开，还要去小镇上再喝一杯。出了工厂，外面已是漆黑一片。众人排成一列，行进在田间小路上，周围蛙声一片。到最近的小镇，至少也要花一个半小时。当时，我们的目标是瞄准世界第一，整个团队意气风发。

能力无极限

1963 年（昭和三十八年），滋贺工厂第一期工程竣工，在宽阔的高地上，只孤零零地矗立着一栋厂房和一幢作为宿舍的木质平房。到了 1965 年，我们 3 月份从中国香港的微电子公司，7 月份从美国的仙童半导体公司相继接到了大量的陶瓷串珠订单，海外贸易终于走上轨道。但这样一来，由于京都工厂和滋贺工厂相距甚远，效率很低。我看时机已经成熟，决定再投 1 亿日元，扩建滋贺工厂。

1966 年，公司建成了两栋厂房以及一幢两层宿舍，总部也从京都迁到了滋贺工厂。公司开通了一年的通勤用面包车，载着女职员每天早上从京都出发，九点到达滋贺工厂。每天往返时，都要在摇晃的面包车里待上两小时，真的很辛苦。另外，我下令，以我为首的干部们都要入住宿舍，以节省上下班时间，便于在一线指挥工作。

1966年4月，突然喜讯传来。我们得到了盼望已久的IBM公司的订单——用于IC的氧化铝基板（集成电路用的电路板），订单数量高达2500万个。

竞争对手是德国的陶瓷领军企业卢臣泰公司和德固赛公司。当时京瓷年销售额5亿日元，而这一大单就达1.5亿日元。公司上下一片欢腾，大办火锅空巴，吃完后还不尽兴，又一起杀到八日市的酒馆街上海喝一通，好不热闹。

现在回想起来，这却是难以想象的艰难历程的开始。虽说是翘首以待的订单，但IBM公司的产品规格之严，比常规高一个数量级，多次试制都不过关。事实上，以当时京瓷的技术水平实在难以应对。一般的订单，都是在一张图纸上简单地标注规格尺寸，但是IBM公司的规格书有一本书那么厚，极为详细。从基板的特性到密度、表面粗糙度、尺寸精度，连测量方法和测定的工具都写了进去。比重、渗透性、吸水率自不待言，尺寸精度比以前高出一个数量级。而那时我们甚至连测量这种精度的仪器都没有。

但我的斗志反而被点燃了。这是把本公司的技术提升至世界顶尖水平的绝好机会，再没有比 IBM 要求更高的客户了。这个基板将被安装在 IBM 公司的畅销产品大型通用计算机 System/360 上。如此重要的战略产品的核心部件，没有选择业绩卓著的卢臣泰公司或德固赛公司，而竟然向一家默默无闻的日本中小企业订购。仙童半导体公司也是如此，这些世界一流企业都注重公平性，只要你有好的技术一定会给予相应评价，不在乎过去的实绩和知名度。我们立刻配备了 30 台自动冲压机、2 台大型电子炉以及测量精度用的万能投影仪等必要的最新设备。而且，我亲临一线，指挥从原料调配、成型到烧制的所有工序。

接到订单后的第二个月，即 5 月份，我在一片匆忙中就任社长。那年我 34 岁，是创业的第八个年头。我住在滋贺工厂宿舍的双人房内，房间里有一张双层床，下铺是家在京都的杉浦正敏常务董事。有时我工作到凌晨 5 点才上床睡觉。公司早上 7 点召开早会。有一次，杉浦看到我正在呼呼大睡，鼾声雷动，不忍叫醒我，自己悄悄出去了。我一觉醒来时已经 11 点了，翻身起床匆匆赶过去，责怪杉浦为什么没有叫醒我。

因为无论前一天工作到多晚，我都要出席早会。

3 个月，5 个月，时间无情地流逝，眼看着不良品的小山越积越高。好不容易，在最终期限到来前，按规格生产出了 20 万个产品。想着能松一口气了，却即刻被客户判定为次品，全数退货。IBM 公司的采购负责人和技术人员来到工厂，说："把京瓷的产品放到 IBM 的自动判别机上，由于坯体带有黄色，所以无法进行合格判断。"为了做成白色的坯体，我们只好重新调配原料，再次开始令人煎熬的作业。

"终于收到合格通知了！"我兴奋地一跃而起，醒来才发现原来是南柯一梦。有一天，我在午夜 2 点左右来到工厂，想鼓励工作到深夜的员工们。一个负责冲压的员工正默默地站在陶瓷炉前面，我走到他旁边，发现他双肩颤抖似在抽泣。问其原因，原来炉内的温度不均衡，导致尺寸上出现了细微的偏差。他原来断定今天一定会成功，可打开炉子取出来一看，还是有偏差，这让他非常沮丧。我对他说："今天先休息吧！"可他依然一动不动。我问这位负责人："烧制的时候，'神啊！请让我烧制成功吧！'你这样向神灵祈求了吗？"我想表达的是，是否已经竭尽全力？努力到最后，除了向神灵祈求之外，已经别无他法了。

“向神灵祈求了吗？向神灵祈求了吗？”这句话他重复了很多遍后，对我点点头说：“我明白了，我再从头开始做。”不久，他终于攻克了这道难关。

产品合格的美梦成真，是在接到订单7个月之后。但是，这仅仅是一个开始，我们必须在交货期限内完成2500万个产品，这是一个庞大的数字。于是公司进入了全速运转的状态，以24小时三班倒的方式实现月产100万个的目标。从原料的调配到成品的检验，我都亲自上阵，对现场工作进行指导。一旦出现次品，就用放大镜仔细观察，对发现的问题逐一加以改进。

滋贺县经常下雪，一到下大雪，交通就会中断，就算派出班车去各地接人，也无法全面开工。将近中午，一位兼职的女员工浑身是雪，出现在工厂，说了句：“这么晚才到，真是对不起。”马上向冲压机走去。据说她是从近江八幡足足走了两个半小时才赶到的。

在两年多的时间里，无论是盂兰盆节还是新年，我们都没有休息过，终于赶在规定期限内交货完毕。目送着最后一辆载货卡车离开工厂，我深切体会到：“人，真是能力无限啊！”同时，我也深刻感受到，持续抱有不达目的誓不罢休的强烈愿望何等重要。

此外，IBM 公司的采购负责人艾瑞克·乔的话让我回味。他说：“完成了这项工作，京都陶瓷的技术将有一个飞跃性的提升。”经受了世界顶级企业的严酷磨炼，京瓷的这种自信，是任何东西都无可替代的。我们公司生产的基板得到了 IBM 高度评价的消息不胫而走，很快传遍了日本国内的电器·电子制造业。“京瓷基板神话”由此诞生。

1968 年，还有一件喜事。我们公司获得了第一届中小企业研究中心奖。这是由财团法人中小企业研究中心（通产省的外围团体）从这一年开始设置的奖项。它以全国中小企业为对象进行选拔，而这是我们第一次受到官方的表彰。获奖的理由是：在镁橄榄石陶瓷、高纯度的氧化铝陶瓷领域，开发了举世无双的独创技术，并且向国内外的电子设备制造商提供、出口了高品质、高精度的产品。当时日本大部分的电子设备制造商还在依赖从海外进口的陶瓷产品，而我们公司反而能向国外出口高品质的产品。我们在技术开发方面的努力及其成果获得了高度评价。

同期获奖的还有笹仓机械制作所、古野电气、林制作所、武藤工业这四家公司。奖金是100万日元。这是全体员工努力的结果，理应回馈给大家，因此我买来盒装的赤豆饭分发给大家，并且多次举办空巴，把奖金用了个精光。几年后，获奖公司聚会时，谈到了奖金的用途。一大半的企业都说用到了研究开发上，我则诚实地告诉大家："过去我一直承诺，要是拿到奖了，就举办庆功会犒劳大家，所以奖金都让我们喝酒用完了。"我认为，这才是更有活力的散财之道。

人性化经营

以 IBM 的交易为契机，公司的出口量急剧增加。于是，1968 年（昭和四十三年）的夏天，公司派出贸易部部长上西阿沙和部下梅村正广（现任副社长）两人，在洛杉矶常驻，并在丸红饭田株式会社里开设了事务所。为了尽可能节省开支，他们住进了一天 5 美元的廉价旅店。通常情况下，如果是大公司的员工，一般会住 25 美元 ~ 30 美元的宾馆。所以他们吃了不少苦头。更难熬的是连英语都不会说就被派过去的梅村。在加拿大出生的上西就成了梅村的老师，命令梅村在三个月内禁止说日语。梅村强忍泪水，刻苦学习，皇天不负苦心人，他终于在短时间内学会了英语。

我们最大的客户是美国半导体产业的先驱者仙童公司，其本部位于旧金山南部的山景城。他们二人经常去那里进行推销活动，为了节约时间，都是乘坐夜行巴士，但因为效率实在太低，他们后来就搬到了仙童公司附近的森尼韦尔。那一带后来成了硅谷的一角，而当时那里还是一片樱桃园，完全看不出日后的繁荣景象，在日本企业中，京瓷的进驻应该是最早。

第二年，也就是 1969 年，我们在当地成立了分公司京瓷国际（KII）。我担任社长，上西就任董事兼总干事。销售部长、总务虽然聘用了美国人，但真正的负责人是上西，他和梅村一起掌管公司的各种事务。两人白天奔走于硅谷各厂商之间，积极开展营销活动，晚上还要给在日本的总公司上交报价单、订单和报告书等。周末则忙于下一周的安排，几乎没有休息时间。公寓只是个半夜回去睡觉的地方。美国人一般都重视家庭生活，看到他们如此拼命工作，当地人就把京瓷国际戏称为“神风公司”。不过，那时的工作量确实很大，应接不暇。

当时，美国迎来了半导体产业蓬勃发展的时期，仙童半导体公司中有能力的技术人员纷纷独立出来，英特尔公司、美国国家半导体公司等新公司相继诞生。在后面，我会详细介绍，从这些新兴半导体公司蜂拥而来的陶瓷封装订单，成了京瓷公司高速发展的契机。

1971 年美国经济发展势头放缓，这时我访问了仙童半导体公司。仙童的副社长突然提出："你有没有想过买下圣地亚哥（加利福尼亚州）的陶瓷封装工厂呢？"这让我着实吃了一惊。KII 虽然成立了，但我根本没考虑过要在当地正式设厂生产，所以我拒绝了。但对方韧性十足，劝说道："先别这么说，先看一下工厂吧！"硬是带着我去了工厂。

最终，出于为美国客户提供稳定货源的考虑，也出于对进口限制的担心，我决定收购这家工厂。匆忙之下，我们让刚刚赴任 KII 的长谷川桂佑（后担任京瓷的专务董事）和从日本派出的 4 个技术人员组成团队，着手工厂的重组。

收购完成两个月后的 5 月，工厂开工了，员工总数约 30 人。但是，生产却怎么也上不了轨道。原因是语言不通，加上日美两国的工作习惯相差实在太远。

美国的技术人员绝对不和一般的工人一起工作。他们待在办公室里发号施令，这是美国的工作方式。与此相反，京瓷的技术人员总是深入现场解决问题，用亲身示范的方式指导工人。但是在圣地亚哥，按照京瓷的方式行事，却会招来当地技术人员的不满。而且，当地的工人一到下班时间，即使工作任务没有完成，也会立即走人。这样的话，当产品品质和交期出现问题时，根本无法及时应对。

日方成员都有一种使命感，认为自己要对公司肩负责任。一出问题，他们会直接与本国的负责人联系，进行协商。但在美国人厂长看来，这是无视他这个上司，因此极为反感。

如果管不住人的话，生产就无法稳定，并直接影响产品质量。这样一来，工厂持续亏损，经营就会陷入恶性循环。美国人厂长因此心生厌倦，主动辞职了事。当时，我每个月都飞到美国，做具体指导，以图改善经营状况。但是，累计亏损额在半年之内就超过了收购价。我认为，这是一次失败的收购，已经做好了关闭工厂的准备。但京瓷来的那5个人却不甘心，他们不断地、拼命地诉说："我们一定让它成功！"在第二个月访美时，我对这5人说："把1亿日元的亏损，当作你们在美国修行的费用，那也不贵。不留遗憾，全力拼搏吧。"

站到了悬崖边缘的这5人竭尽诚意，致力于与员工们建立同志般的关系，努力打造一个血脉相通的企业。看到他们奋不顾身、恶战苦斗的样子，当地的员工受到了感染，他们也开始主动要求加班了。他们5个人并没有做什么特别的事情，只是身先士卒，把京瓷一贯的工作作风，在美国愚直地、彻底地实践了。5个人在距离工厂15分钟车程的地方租了一套公寓，无论刮风下雨，他们从清晨到深夜，挥汗如雨，拼命工作。身处异国，孤立无援，心中的不安不难想象。为了消除不安与焦躁，他们把整个身心全部放在工作上。对此，我有过同样的体验，因此很能理解他们。如此忘我、不遗余力的努力终于开花结果，随着美国经济的好转，1973年3月，即收购后的1年零10个月，公司开始扭亏为盈。

我每次来到圣地亚哥的工厂，都会马上换上工作服走进现场，当地人都说，从来没有见过像我这样的社长。不知从何时起，每次当我访美时，员工们都会主动为我办欢迎会。大家从自己家里带来一道菜肴，摆放在桌子上。我一边从盘子里夹菜，一边想：并非一定要追求美国模式或日本模式，只要人性化模式就行。就是说，不管在哪个国家，领导人以身作则，与大家打成一片，上下同甘共苦，就是最好的模式。

经营就是马拉松

京瓷在我的家乡鹿儿岛有三个工厂，分别是川内、国分和隼人。当时，我正在物色滋贺之后的新的工厂用地，鹿儿岛县的金丸三郎知事以及县北边川内市的相关人士，都热心邀请我，希望“在这里建立工厂，强化县内的经济基础”。

为了签约，我提前一天来到鹿儿岛，住进了鹿儿岛市内的老家。父亲胆小爱操心，他对我说：“你办工厂，就让我担心得够呛，现在又要在川内买这么一大块地，真的没问题吗？”他不仅不为我高兴，反而一再劝我：“算了吧！算了吧！”

川内工厂正式投产，是在1969年（昭和四十四年）的夏天，正好是公司创立的第10个年头。开业庆典那一天，我从鹿儿岛市内的家中出发，一早驱车前往川内，不巧遭遇瓢泼大雨，好不容易到达了川内，但因为市内的川内河河水泛滥，大桥禁止通行，无法到达对岸的工厂。打电话过去，才知道工厂也四处进水，已经无法开工，但是昨天已经支起帐篷，做好了举办仪式的准备，现在临时延期也不吉利，所以我决定，即使嘉宾们不能出席，至少我要借开工典礼为员工鼓劲打气。

不管怎么样，我一定要赶到工厂。唯一的办法就是徒步通过国铁的铁桥到达对岸。于是我决定从国铁的川内车站出发走过去。在走上川内河桥面时，从枕木的间隙可以看到浊流形成的漩涡。行走间，我听到后面传来脚步声，回头一看，在大雨中，一个年轻的女性拼命追了过来。我对她说："现在这路，男人走也非常危险，你赶快回去！"可她说自己有急事一定要过去，说着便要超过我。我问她："你到底要到哪里去？"对方的回答竟是"京瓷"。听了这话，我开始确信，有这样的员工，工厂一定大有希望。

川内工厂就在这样恶劣的气候条件下诞生了。因此，这一段记忆尤为深刻。而那时，正好迎来了以美国为中心的半导体产业的勃兴期。

现在仍在使用的硅晶体管，作为半导体的主流产品，1965 年前后，就已经在电子产品中被大量采用。与此同时，密封硅晶体管的容器陶瓷串珠也被大量使用，因此公司接到了大量的订单。

1965 年，美国得州仪器（TI）公司从我们公司订购了用作电阻器的陶瓷棒，应用在阿波罗计划的电子仪器上。因为这层关系，我经常去美国拜访 TI 公司。一次，一个技术人员问我："贵公司能生产这样的产品吗？"那是将两枚陶瓷板重叠起来、起到保护 IC 作用的封装试制品。看到该样品的那一瞬间，我就预感到，陶瓷的历史即将翻开崭新的一页。我有一种直觉，我一定能够将它培育成决定公司未来命运的新产品。

为了把这个商品概念转化为实际产品，我们悄悄推敲生产方案。把口香糖般富有弹性的陶瓷薄板重叠在一起，做成 IC 封装，在陶瓷薄板上印上电路，使 IC 的电子信号可以通过电路自由出入。这是一个划时代的新产品。事实上，在构思方案时，就有订单进来。仙童半导体公司向我们提出要求，希望利用这个概念，试制封装样品。于是，我们立即组成由青山令道（后担任京瓷专务董事）领导的 8 人项目小组，计划在三个月之内完成任务。

但是，一旦开始研发，就发现困难重重。把陶瓷薄板做成带状是首创，把它们叠合后烧制是首创，在陶瓷薄板上印刷精密电路是首创，所有工序都遇到了难题。但在三个月之内，8 人小组废寝忘食，全力投入，终于如期交出了 20 个试制样品。

这让仙童半导体公司惊诧不已。从技术上看，这个新产品需要多方面的突破，但仅仅用了三个月就大功告成，他们非常感激。虽然这个产品试制后就告一段落，但是这个消息不胫而走，TI、摩托罗拉、英特尔、美国微型系统（AMI）等公司纷纷提出试制要求，并发来大量订单。

这个多层陶制封装，当初只是用于计算器的 IC。不久，又被应用于电脑心脏的 MPU 以及通信用半导体的封装。我最初在 TI 公司获得的灵感，终于变成了现实的产品。

川内工厂一直负责向美国市场大量提供这种半导体封装。1971 年，川内工厂月产量达到 100 万个，成为全球第一的陶瓷封装工厂。如果没有川内工厂的话，或许就没有硅谷的繁荣，这是一个极具戏剧性的开始。

凭借在这个过程中确立的批量生产技术，1972 年我们获得了大河内纪念生产特别奖。

在川内工厂步入正轨之后，鹿儿岛县又要求我买下位于锦江湾北侧的国分地区的工厂用地。虽然我拒绝了，表示有川内一家就足够了，但拗不过对方，而且最初我只打算买一块地，但对方说没有其他买家，要求我们全部买下，所以最后我买下了全部的四块地（约 22 万平方米）。由于不断增产，川内工厂已经满负荷。购买国分的土地，原是为了将来的发展，但现在就得立刻开始建设工厂。

国分地区以生产烟草闻名。这里的工厂 1972 年完工，主要生产计算器中用于显示数字的荧光显示管的陶瓷基板，产品供不应求，每天的产品都填满当天最后一班飞机。但是好景不长，由于计算器生产厂家泛滥，价格一降再降，使用陶瓷已不符合成本要求，交易骤然停止，超级繁忙一下子变成超级空闲。这让我认识到，无论产品如何畅销，也会因其生命周期而寿终正寝。

随着公司在鹿儿岛不断建设新工厂，对外出口不断扩大以及出口部门快速成长，这时仍将总部放在滋贺工厂，就不太合适了。在此之前，我也考虑过在京都建立新的总部大楼，在物色土地的时候，看中了位于东海道新干线沿线的京都山科附近的土地。五层的总部大楼于 1972 年竣工，在当时来讲稍显豪华。总部机构、关西销售部、贸易部、商品开发部等机构都集中到了这里。

公司发展如此之快，就有人劝我们上市，当时正值川内工厂刚刚投产。我从创业之初就追求全员参与的大家族主义。依据这一方针，我鼓励员工持股，当时股东的 80% 都是公司员工。不过，资金需求在逐年增大，人员的招募也越来越难了。

1971 年 10 月，公司决定在大阪证券交易所二部上市，同时在总部所在地的京都证券交易所上市。上市有三个方法。一是把原有股东所持股份在市场上出售，这可以给老股东，特别是经历辛苦的创业者巨大的溢价收益；二是公司发行新股公开上市，募集的资金进入公司账户；三是前两者的折中。证券公司一般会以“过去诸位创业辛苦了”为由，推荐第一种方法，实际上大多数上市公司也选择了这种方法。但是我选择公司所有股票都以新股的方式发行。我没有选择让创业者获利，而是选择了充实公司的自有资本。

如果不充实公司资本，在动荡的社会形势下，企业就很难长期生存。同时为我们的伙伴即为员工考虑，也必须有充足的资金储备，把公司利益置于个人利益之上，这本来就是经营者理所当然的责任。

相对于400日元的发行价格，京瓷股票的开盘价达到了590日元，初日成交量达到80万股，这让我十分感慨。我常把企业经营比作马拉松。我非常喜欢马拉松比赛，以前用收音机听，现在用电视机看。战败后的日本从1945年（昭和二十年）起，再次开始了马拉松比赛。参赛的既有著名选手，即战前就名声显赫的大企业，还有无名选手，即战后雨后春笋般冒出的黑市商人。包括旧财阀在内的有名、无名的选手都在企业竞争这场漫长的比赛中起跑。

京瓷是1959年创立的。当时，从1945年起跑的第一梯队已经跑了14公里，遥遥领先，而那时，我们好不容易才站到了起跑线上。对于长跑，我们完全是个门外汉，穷得连跑鞋都买不起，只好穿着布鞋和秋裤开跑，一副寒酸相。

过去没有跑过马拉松，现在要一口气跑完这

42.195公里的赛程，可能吗？我们自己也不知道。但就“斗争心”这一条而言，我们超越常人，特别旺盛。既然决定出场，就要全力以赴，我们抱定了悲壮的信念。既无资金，亦无人才，一穷二白，这些都无所谓。只要没在途中倒下，在这严酷的比赛中，我们就要下定决心，不顾一切，奋力冲刺。

在赛跑过程中，有人速度放缓慢下来，开始走了起来；有人偏离跑道，摔倒在地。我们不管不顾，目不斜视，咬紧牙关，只看前方，奋力奔跑。转过弯道后，来到了视线开阔的直线跑道。我们看见了二部上市的第二梯队的背影，我们不由得就想大声欢呼：“已经追到这里啦！”

就在上市的当天晚上，我们在滋贺工厂的操场上举办了庆祝会。席间，我提醒大家：“今天的喜悦吹散了我们以往的辛劳，可是一味沾沾自喜行吗？”从现在开始，除了公司员工和家人，我们还要向投资者和股东负责。他们期待京瓷今后再创佳绩，才购买了我们的股票。我们好像在区域比赛中获胜的赛马。他们购买我们的赛马券，是因为相信在宝马齐聚的全国比赛中，我们也能胜出。所以，必须不断取胜，这是我们的宿命。我号召大家：“要像《奔跑吧，光太郎》那首歌里唱的那样，一直跑到双腿折断，不，哪怕折断也要跑完全程。我们需要这种责任和决心。”让人们见识一下我们这匹乡下马的斗志。

在这期间，还有一个小插曲。公司上市时，有人把一位名叫宫村久治的优秀注册会计师介绍给我。我联系他，请他来审计。他说：“我要看看你是位怎样的经营者，然后再决定接不接受。”我本以为他会当即接受邀请，所以他的这个回答，让我感到意外。

见到本人后，他更是毫不客气，他说：“有客人对我说，不要那么严厉，不要那么细致。但是我认为，经营者必须始终光明正大，必须将正确的事情用正确的方式贯彻到底。否则，我不会接受委托。您觉得呢？”

我当场答应：“太好了！这也是我做人做事的原则，我正求之不得。”不料，他还是不依不饶：“开始时大家都这么说，能够上市，说明现在的业绩良好，但是经营恶化时也能保持光明正大吗？这点我必须看清楚。”

我心想真是一个顽固的会计师啊！光明正大、透明的会计处理方式，正是我创业以来的经营哲学。于是我低头恳请："宫村先生这样的人，正是我最想拜托的。请您接受我们的委托吧。"

尽管我如此诚恳，宫村先生却不领情，他说："一家创新企业，这么快就上市，公司内部管理体制想必很差吧。"接着，他对公司内部的管理体制进行了彻底的调查。从北美的子公司到日本的总公司，他对每个环节都进行了彻底的审计。在调查过程中，他将各种发票、现金和账本进行对照检查，发现实物、发票、现金全都一一对应，连小小的美国销售公司的账目都分毫不差。这时，对于京瓷的会计系统，"顽固的注册会计师"宫村先生开始刮目相看了。从此，宫村先生不但在工作上，而且在生活中，都成了我的亲朋挚友。

遭遇石油危机

“月销售达到10亿日元，就去夏威夷！”——打出这一宣传口号，是在1972年（昭和四十七年）。上一年度的月销售额在五六亿左右，而今年我们打出了一举实现销售额倍增的目标。

公司里有人问，有没有二等奖，我说：“那这样吧，如果达到9亿就去香港，但如果只有8亿的话，就只能去京都的寺庙坐禅了！”说坐禅当然是开玩笑，所以大家都议论起夏威夷和香港的话题。

三得利公司开展“喝着托利斯（三得利公司的一款畅销产品。——编者注），去夏威夷！”这项宣传活动，是在10年之前。即便如此，对于一般人来说，当时去海外旅行仍是遥不可及的一件事。

10年来，我有一个不断重温的梦想。我第一次海外出差，是1962年的美国之行。飞离日本时，那种激动的心情一直无法忘怀。那份感动，我希望与我患难与共的所有员工都能体验。

那年，出口形势良好，销售额达到了9.8亿日元，于是奖励大家去香港旅行。1973年1月，1300名员工分别从大阪和鹿儿岛的机场乘坐包机离开日本。

作为从大阪出发的第一批队伍，我和滋贺工厂的员工们一同起飞。其中不少员工是工厂附近的农民子弟，在那个海外旅行还很稀罕的年代，对于滋贺县的农民大叔大婶来说，去香港简直像做梦一样。在从伊丹机场出发的包机中，就已经人声鼎沸了。到了香港，入住高级酒店后，那股兴奋劲也没有消退。晚饭是海鲜料理，安排在水上餐厅“海上皇宫”，吃了两个小时，随后大家各自回房休息。

我走在宾馆的走廊上，不知为什么，听到每个房间都很热闹。经过一个房间时，一个腰上缠着毛巾的大婶大喊：“有人吗？”我问怎么回事，大婶就问：“这浴缸的热水怎么打开啊？”于是我就教她浴缸的用法，突然她跳了起来：“啊？是社长！”她原以为我是公司同事吧。没想到这么轻松搭话的竟然是社长。这时她意识到自己还光着身子，顿时害羞得浑身发红。原来，大家都不懂西式浴缸和便器的用法，都在那里苦苦摸索呢。

之所以如此欢闹，那是因为绝大部分员工都是首次到海外旅行。全员参加是我们公司的信条。上至社长，下到保洁大婶，没有上下之分，大家一起享受海外旅行的快乐。虽然三天两夜的旅行很短暂，但初次接触异国文化，不少人还发现了日本的长处。在返程的飞机上，员工们陶醉在美好的回忆里，笑声和感谢声连绵不绝。

接下来，公司又提出“销售达到18亿就去关岛，达到20亿就去夏威夷”的倍增方针。由于时任首相田中角荣制订了“日本列岛改造计划”，日本经济开始回暖，所以我们轻松达成了高目标。但在第二年，即1974年年初，正当我们要实施旅行计划时，石油危机来了。此时如果还坚持去夏威夷的话就会显得不合时宜，于是旅行紧急叫停，取而代之的，是发放临时奖金回报员工。

石油危机导致订单锐减，给公司沉重一击。产业界纷纷裁员或停工，京都陶瓷也不得不采取减薪措施。

但我们公司揭示了“追求全体员工物质和精神两方面幸福”的经营理念，创业以来就有全员同甘共苦的历史传统。既然是一个命运共同体，此时我们就公开宣布，死守雇用，决不裁员。

虽不裁员，但工作量减少了，还让原来那么多人去做，现场的气氛就会松散。工作减半，人员也要减半。于是我们规定，从现场撤出的人员不得进入厂房。早会结束后，这些员工就在厂区除草、整修花坛，清除排水沟里的淤泥。此外，我们还经常举办技术研修会，为日后恢复正常时做好准备。雨雪天无法在外作业时，就在会议室里学习京瓷哲学。在那以前，为追求效率，大家都绷紧神经，从以前的氛围看，现在的景况是无法想象的。过去大家都忙得不可开交，伙伴间激烈争论，也是家常便饭，如今却要弯腰除草。对于制造现场来说，没有产品可做，是最难受的。

分管销售的负责人看不下去了，向大家低头致歉：“这是销售的问题。我们一定千方百计争取订单，再不让大家受此煎熬，当下请大家再忍耐一下。”尽管销售部门拼命努力，但世界性的经济萧条造成的需求低迷，迟迟不见好转。1974 年年末，公司遭遇到创业以来最严峻的困境。为此，我向工会提出请求：“希望冻结加薪一年。”工会经过讨论，全场一致通过了我的提议。但这时，工会的上级组织“全纤同盟”却对冻结表示反对，他们要求工会按照同盟的统一要求，向公司提出加薪29%。工会内部围绕着是服从“全纤同盟”的决议，还是接受公司的提案，展开了激烈的讨论。

结论是，各个企业的劳资关系各不相同，“全纤同盟”无视差异，下达片面的指示，无法服从。紧接着，工会召开了临时大会，做出脱离“全纤同盟”的决议。此后，京瓷工会走上了独立发展的道路，并以此为契机，制定了《京都陶瓷工会宪章》，宪章指出：“工会存在的意义，在于谋求集团成员永久的幸福，劳资双方要命运与共，要基于相同的思想，同甘共苦，要建立严肃的劳资同轴关系，劳资双方都要积极分担这个重大责任。”

后来，订单回升，余下的员工都回到了生产一线。第二年，公司给出的加薪幅度远远超过了工会的要求，除补发上一年冻结的薪酬之外，再次提高了加薪幅度，还发放了奖金，作为对暂停加薪的补偿。

但在这期间，1973年，京都陶瓷创业的大恩人相继离世:“为这个年轻人的梦想赌一把吧!”在公司成立时抵押自家住宅,从银行为我们借来流动资金的西枝一江先生。“要给这么一个不知天高地厚的小青年筹钱吗?”一开始勃然大怒的交川有先生。这两位先生在做出决定之后,竭尽全力支援了我们。在收到西枝先生的讣告不久,交川先生也与世长辞了,两人都是享年 71 岁。两位先生都是我这辈子无可替代的挚友。

在创立京瓷时,把这两位恩人介绍给我的,是前社长青山政次先生。青山先生在西枝先生的葬礼上致悼词,可谓情透纸背。

“50 年前,我和西枝君都考上了京都大学工学部,作为同班同学相识相知。西枝君出身新潟市郊外的净土真宗寺院,是家中的老二,从新潟高中考入京都大学,后来又与我一起进入了松风工业。因受当时全球经济萧条的影响,他从松风工业辞职,后来成了一名专利代理人。松风工业的所有专利申请,我都委托西枝君承办,我俩交情愈深。碰巧,另一位京都大学的同窗好友交川君,在商工省的专利局工作。虽然东京和京都距离不近,但我们三人却时常相聚。专利代理人工作日渐繁忙起来,西枝君雇了工读学生和保姆帮忙，基本上都是新潟人。其中一名学生就是后来京都八幡市圆福寺的西片担雪法师。他在西枝家借住，半工半读上大学。此后，西枝君到客户宫木电机任职，他与交川君一起，对京瓷的创立给予了莫大的帮助。”

西枝君古道热肠，仗义疏财，因此没有什么积蓄。为新型陶瓷这一全新事业出资，他力不从心。他对夫人说：“我要把这房子作抵押，去银行贷款，弄不好就会倾家荡产。”夫人回答说：“一个男人迷上另一个男人，愿意倾囊相助，这不就是你的夙愿吗？”从此以后，西枝君作为京瓷的幕后领导，时而温和，时而严厉，尽心尽力，培育京瓷干部，他完全脱离了私利私欲，一心一意守护京瓷公司。

圆福寺的西片法师是我出家时的师傅。引荐西片法师给我的，正是西枝先生，如果没有西枝先生的大恩大德，我的人生将无从谈起。在西枝先生灵前，我这样说：“西枝一江先生是我们公司的实际创办人，是我的恩人，也是京瓷创业精神的源头。在此葬礼之际，让我们再次缅怀先生的遗德。西枝先生赠予我一颗思想的种子，已在全体员工心中生根发芽，现在还在向全世界扩展，泛起涟漪，它是京瓷稳定发展的基础。

我们聚集于此，定要继承故人遗志，将其思想进一步发展，代代相传。”

1974 年 2 月，京瓷股票在东京、大阪两地的证券交易所都从二部升级到了一部。1975 年 9 月股价达到 2990 日元，超越了长期雄踞首位的索尼，成为日本第一。得知此消息，我不由得喃喃自语：“西枝先生，交川先生，那个毛头小子的公司今天走到了这一步。”

多元化之路布满荆棘

京瓷创业以来，以新型陶瓷技术为核心，创造新产品，开拓新市场，谱写新历史，直至今天。

20世纪70年代，以半导体多层陶瓷封装为核心的电子工业用陶瓷制品飞速发展。但是，如果事业偏于某一个领域，该行业景气还是萧条，就会左右公司的业绩，对此我心怀不安。

要兼顾企业的成长与稳定，事业的多元化是必要的。产品的多元化理所当然，在销售方面，超越现有市场，进一步开拓销路，这也是必要的。我考虑，要在海外市场上扩大销售。因此，我在公司内提出了产品多元化，以及在世界市场上销售产品，谋求多方面发展的经营方针。

经济评论家们有时极力推崇多元化，有时又鼓吹回归本业。凡是经营者都明白，若要兼顾企业的成长和稳定，多元化发展是不可或缺的。但是，多元化发展的企业，由于力量分散，很容易在与专业对手的竞争中落败，这也是事实。我曾目睹某大型企业不断进军完全不同的行业，轰轰烈烈地开展多元化经营，结果导致力量分散，在所有领域里都惨遭失败的悲剧。多元化看似可以取得暂时的成功，但是，要想长期战胜专业的竞争对手，是极其困难的。

尽管如此，我仍然认为，要实现企业的发展，多元化经营是必由之路。反正都是一场恶仗，至少我们要努力发挥出自己的特长。如果运用迄今为止积累起来的陶瓷技术和结晶技术，进军其他行业和领域，应该可以降低由多元化带来的经营风险。

最初的尝试是在 1970 年（昭和四十五年），我们着手开发“再结晶宝石”。我本是一个既无爱好又无情调的男人，但是在国外看到珠宝店，还是想小逛一下，特别是绿宝石那种深邃的墨绿色吸引了我。宝石和陶瓷同属矿物结晶的领域，这在我的专业范围之内。

听说祖母绿的上等原石日益枯竭，市场上充斥着低品级的宝石。而天然宝石因为有稀缺的价值，所以价格还相当昂贵。既然如此，就让我们尝试用我们的技术来制造高品质的绿宝石吧。它是同天然宝石结构完全相同的再结晶宝石，就是用科学方法培育宝石，来代替宝石自然形成的过程。具体而言，就是先把金属氧化物加热到1400℃，将祖母绿原矿石熔入其中，再添加作为种子的纯净结晶，然后经过长时间的冷却，结晶就会慢慢长大。

然而一旦着手研发，就发现事情并不那么简单。只有几个人的研发团队夜以继日，埋头钻研，但却找不到培育结晶的合适条件，研发工作如在五里雾中摸索。我经常去研究室，用显微镜观察，好不容易才找到了微小的结晶体，但那还不能称为宝石。可是无论等多久，结晶就是不长大。我对年轻的技术人员说："如果实在不行的话，就放弃这项研究吧！"但他们却请求我："让我们再做做试试！"过了一段时间，他们用包药粉的纸张包着砂糖大小的绿色结晶物给我看，"已经变这么大了，再给我们一点时间吧"。又等了一段日子，没有任何消息。我跑去研究室，再次告知他们："如果只能做出如此微小的结晶，还是放弃为好。"结果，他们又拿来稍微大了一点的结晶，说："无论如何，请让我们干下去。”“是不是我一发牢骚，结晶就能变大一点？”我好几次这样半开玩笑，训斥这几个年轻人。

即便如此，我还是鼓励这些技术人员：“现在也许还造不出更大的结晶，但是人的能力是无限的。要用将来进行时看待自己的能力，要相信自己一直在进步。如果再结晶宝石开发成功，这将是全世界史无前例的革新性研究成果。”

结晶虽然在一点点变大，但变到小豆般大小的时候，成长戛然而止。我虽然没有直接参与研发，但是为了打破研发的瓶颈，我给过他们几个技术上的建议。比如，在祖母绿的制造过程中，要在原料溶液里，放入作为结晶核的天然祖母绿的种子结晶体，再放入炉中慢慢冷却。我建议他们将加入种子结晶体的时机，控制在溶液温度下降、即将结晶化（析出）之前，这样可能会促进结晶的成长。

但技术人员在实际操作时，这个时机很难把握。在比结晶析出温度稍高一点的温度下，放入种子结晶体，种子结晶体就会融化消失；相反，在比析出温度稍低的温度下放入的话，结晶就不能顺利生长。经过不断失败和反复试验，最后技术员们终于找到了最佳的结晶条件，结晶的培育完美成功。“太棒了，就这么干！”我满怀期待，密切关注着研发工作的进展。

虽然结晶在慢慢变大，但又出现了新的问题，这次结晶里混入了黑色杂质，生产不出理想的祖母绿结晶。但是，在年轻技术团队的不懈努力下，最终研制出直径 1cm、长约 1.5cm 的六棱柱形结晶。从中提取出的绿色透明部分，具备与天然宝石的化学成分相同的结晶构造，再结晶祖母绿宝石终于研制成功了！我和研究员们一起欢呼雀跃。和天然祖母绿相比，无论亮度、色泽等，所有方面都是最好品质。1975 年春天，报纸报道了研发成功的消息，称之为“日本的壮举”。

经过千辛万苦，绿宝石终于开发成功，但怎么卖出去呢？我又开动起脑筋。这时候我想到了一位好朋友——熟悉女性心理的华歌尔公司（Wacoal）社长塚本幸一先生，我决定找他商量。见面前，我把两颗刚制作好的绿宝石用纱布包好，小心翼翼地放进口袋。一见面，我就给他介绍了事情经过，并拿出实物让他看，塚本先生原本很大的眼睛一下子睁得更大了：“稻盛啊，这可了不得啊，这样的宝贝，你是怎么做出来的？我保证，京瓷靠这个东西，一定能够再创辉煌。”

这是年轻技术员们花费 4 年时间，历尽艰苦开发出的宝石，现在得到了塚本先生的赞赏，我欣喜万分，之前的辛劳顿时烟消云散。

“我要让各色各样的人都看一看，验证一下我的评价是否正确。”塚本先生这么说，于是他带走了一颗绿宝石。几天之后，塚本先生打来电话，说要再见一面。他在祇园茶社的一间茶室里等着我。和上次的态度截然不同，他一开口就断言说：“稻盛，这绝对卖不出去哦！”我问他缘由，原来塚本先生让交好的祇园艺伎，以及友人的太太们看了。虽然有那么一两个人赞不绝口，但大部分人在气愤之余这么说：“已经花了大价钱买天然宝石，如果这种漂亮又廉价的绿宝石进入市场，那我们不就亏了嘛！”“我决不允许家传的祖母绿宝石变成破石头！”塚本先生告诫我：“稻盛，这绝对行不通哦，你要卖这种东西，会招女人恨哦。”

即便如此，我却不想退缩。我想，能在事先了解这些反馈，也算是个收获。我决定从现在起，就认真思考、克服困难，如何把再结晶宝石卖出去。

回顾人工宝石的历史，法国人奥古斯特·威纽易

（Auguste Victor Louis Verneuil）最早成功合成了红宝石，用它来做瑞士钟表的轴承，由此开启了人工宝石的历史。过去的机械手表上，都会标明装了15颗宝石或是20颗宝石。但是，不是作为工业用零部件，而是作为宝石饰品的人工宝石还没有成功先例。所以制造再结晶宝石这件事情本身，就具有划时代的意义。但是，我不仅要把再结晶宝石造出来，还要开拓一个过去没有任何人做过的再结晶宝石的新市场。

我决定立即在东京的银座和京都的四条开设直营店，以“CRESCENT VERT”这个品牌进行销售，意为“绿色月牙”。刚开始销售时，果然应验了塚本先生的担心。CRESCENT VERT被人当作仿造品，无论怎么解释，顾客就是不接受。在当时人们的眼里，宝石就等同于财产，具有稀缺价值的天然宝石才是真正的宝石，这一观念根深蒂固。尽管我们的产品与天然宝石结构相同，并且是经过长时间再结晶形成的，可是人们并不认同。至于珠宝首饰行业，店家则质疑“谁会买什么再结晶宝石？！”并拒绝销售我们的产品。

初战受挫，“CRESCENT VERT”无人问津，我们陷入了窘境。但是，不为常识束缚，贯彻“原理原则”，是我的哲学。即使无法很快让人理解，但只要我们提供最好品质的宝石，又设定合理的价格，总有一天顾客会接受，我坚信这一点。与天然宝石不同，我们要创造一个“再结晶宝石”的市场，构筑自己的销售网络。

1977年，我们将销售部门独立出来，成立了CRESCENT VERT株式会社。我担任社长，任命京瓷的创业伙伴冈川健一（后担任京瓷专务董事）为专务董事。当然他也没有销售宝石的经验，对于如何开拓销路，也是一头雾水。我们受到珠宝首饰行业的一致排斥，成了众矢之的，销售持续低迷。

有一天，秘书说冈川有点不对劲，我就去他房间看，发现他头上秃了一大块。冈川有个毛病，一有烦心事就抓头发，不知不觉中就把头发给揪了下来。对于亏损部门，我会要求他们好好反省，想尽一切办法扭亏为盈。我太苛刻了，这么严厉地追求实绩，才使得冈川如此痛苦不堪吧。我情不自禁，大喝一声：“所有的干部都过来，冈川变成这模样，没一个人制止他吗？”然后，我眼睛盯着冈川，说道：“我要让你把这毛病改了，恐怕你也改不掉。索性剃个光头算了，到时想抓也没头发可抓了。你一个人剃光不好意思的话，我陪你剃！”

剃光了头的冈川好像得到了解脱，更加专注于宝石的销售，他频繁举办有关再结晶宝石的讲座，每周末巡回全国各地，举办展销会。对于苦战在销售岗位的员工们，我也激励道：“作为职业销售员，就是要把谁都卖不出去的东西卖出去。”

为了开拓新的销售渠道，我们在石油、燃气销售公司等其他行业募集代理店，并以代理店为中心举办销售会议。除了绿宝石，技术人员还相继开发出了亚历山大宝石（变色宝石）、红宝石、蓝宝石等新品种的再结晶宝石，丰富了产品的种类。终于，CRESCENT VERT受到了宝石爱好者们的好评，固定客户稳步增长，事业开始步入正轨。

1978年，我们将名为“稻盛珠宝”（Inamori Jewelry）的珠宝店开进了美国市场。为了吸引眼球，我们在洛杉矶郊外贝弗利山的罗迪欧（Rodeo Drive）大街开设了一家直销店。如果得知我们在美国西海岸的黄金地段有店面，就会有很多美国名人和日本观光客来访，这有助于提高品牌形象。在开业典礼上，我们邀请了贝弗利山市市长以及众多当地的名流和富豪。为了烘托氛围，我也身着白色晚礼服，乘坐白色劳斯莱斯闪亮登场。由于喝了太多的香槟，那晚是怎么回到酒店的，我已浑然不知。

神灵所赐予的考验

1971 年，我们利用陶瓷技术，研发出了一种切削工具，用于车床等金属加工机械上。这是我们走出的多元化道路的第一步。

当时，京瓷和西德的陶瓷制造商费尔德米勒公司组建了合资公司，进军欧洲市场。我去西德出差的时候，经费尔德米勒公司的介绍，参观了汽车制造商戴姆勒 - 奔驰公司。在那里我看到，在柴油发动机的制作工序中，摆放着成排的高速车床，一面超高速运转，一面发出尖锐的切削金属的轰鸣声。我观察车床的刀片，发现用的都是陶瓷材料。而在当时的日本，制作刀具使用的都是超硬合金。其缺点是，一旦提高切割速度，摩擦就会产生高温，从而损伤刀具，加大损耗。与此相比，陶瓷具有抗高温、耐磨损的特性。很早以前，我就一直考虑，能否利用陶瓷的特性，把它应用到切削工具上。参观奔驰的工厂，让我深信，“在批量生产的时代，陶瓷切削工具一定会普及”。于是我决定从费尔德米勒公司引进这种技术，并向西德派遣了5名技术人员。

当时，费尔德米勒公司的技术水平很高，拥有京瓷所没有的技术。其中，氧化铝超微粉末的成形技术、在1800℃高温下的烧结技术，他们吃了很大苦头才学到手。在引进技术后不到两年，即1973年，批量生产终于获得成功，并冠以“CERACHIP”（京瓷刀具）之名开始销售。但是，在当时的日本，很少有像西德的那种大型高速车床，速度缓慢的车床占据主流。由于适用于高速车床的京瓷刀具，在转速较慢时切削，很容易出现缺损，所以未被市场所接受。生产超硬合金工具的各家大公司，本来就处于领先地位，他们拥有代理店、特约销售店等流通体系。而京瓷没有任何流通网络，在销售方面也处于劣势。

就在这个时候，我在去国外出差的飞机上偶遇了大隈铁工所的大隈武雄副社长。大隈铁工所主要销售车床等机械，我趁机向他介绍了我们公司的切削工具。

以此为契机，1973年，大隈铁工所与我们签订了总代理协议。这样，销售网络开始成形，但正当我们转入批量生产的当口，第一次石油危机爆发了，库存一下子堆积如山。结果，与大隈铁工所的销售合作很快夭折。不过以此为转机，我们着手建立自己独立的销售网络。

首先，我们在全国开设了营业所，然后募集愿意经销京瓷刀具的代理店和特约店。销售切削工具时，必不可少的环节是制造商的销售员和特约店的销售员一起去走访客户，实地演示工具的使用方法，并进行说明。我们公司的销售员，在特约店早上开门前，就在门口等候了，晚上又坚持去拜访顾客。因为工作热情高，甚至被称为“又一家京瓷”。这种口碑传出去以后，销售CERACHIP的特约店数量与日俱增。我们将这些特约店组织起来，成立了“CERACHIP会”，积极推动销售活动，谋求共同繁荣。

另一方面，为了克服陶瓷刀具的缺点，我们抓紧研发适用于日本车床的刀具。最终，开发出了兼具陶瓷耐热性和金属强韧性的合金陶瓷刀具，它被日本的各种机床广泛采用，从而成了畅销产品。与在切削工具中占主流的超硬刀具相比，合金陶瓷刀具可用于高速加工，加工精度大幅提升，加工后的产品外观漂亮，并且价格低廉。凭借这种合金陶瓷刀具，京瓷刀具声名鹊起，现在已经成为高品质切削工具的代名词。

在多元化进程中，我们还进入了医疗行业，开发出了人造牙根和人工骨骼。1972 年（昭和四十七年），大阪齿科大学的川原春辛教授来拜访我，同我讨论："能否用陶瓷制造人造牙根？"人造牙根是指把陶瓷等材料制成的螺钉埋入下颌骨内，将假牙半永久地固定其上。

川原教授研究过用金属制造人造牙根，但是人体对金属会产生排斥反应，所以进展不太顺利。正当束手无策时，他拜访了京都工艺纤维大学的奥田教授，看看还有什么更好的材质。奥田教授说："如果是陶瓷材料的话，应该不会产生排斥反应。您去拜访一下京瓷的稻盛先生吧！"川原教授用陶瓷做了实验，实验效果非常好，于是他就立刻找到了我。

听了川原教授的话，凭直觉，我感到陶瓷或许可以应用于医疗领域。比起金属和塑料，新型陶瓷不会在体内溶解，也不易产生化学反应（活性比较低）。而且，构成细胞的蛋白质和陶瓷在分子结构上完全不同。人体在遇到像有机物那样与自己的组织结构相近的物质时，会将其分解、吸收；而遇到结构不同的物质，就会产生排斥反应。我认为，这种排斥反应不是直线性的，而如同一个圆。也就是说，分子结构不同，会产生排斥反应，但如果是结构完全不同的两种异质，就好像从圆的一点出发，围着圆转一圈，然后再回到起点的旁边。这样的异质非常容易融合，不会产生排斥反应。这样的话，陶瓷与人体细胞易于亲近，也就是生物融合性较高的材料。

京瓷自创业以来，利用陶瓷材料的优良特性，寻找新用途，开发新产品，这已经成了我的习惯。如果自己研究的新型陶瓷能够有助于患者的健康，能够为医疗的进步做出贡献，这真是再好不过的事了。于是我决定着手研发生物陶瓷植入体（人体植入材料）。

我们马上着手试验，首先使用一直在生产的多结晶氧化铝陶瓷，但效果不佳。人在咀嚼食物的时候，人造牙根要承受很大的压力，因此这需要硬度和强度更高的材料。当时，为了其他用途，我们还生产单结晶蓝宝石。单结晶蓝宝石是高纯度氧化铝的单结晶体，强度远超多结晶陶瓷，但是因为硬度过高，不易加工。尽管如此，我还是建议川原教授使用这种材料制造人造牙根，同时指示研发团队尽全力开发加工技术。

单结晶体蓝宝石硬度极高，只有用钻石才能切割，但我们必须将它加工成螺钉形状，而且成品表面不能有任何瑕疵。经过不断失败和反复试验后，有一天开发小组的三轮哮（后担任京瓷董事）偶然在研究室门口捡到一张纸，上面登载的硅片镜面的加工方法启发了他，由此开发出了全新的蓝宝石研磨加工法。于是人造牙根产品化成功，并不断积累临床数据。1978年，我们终于获得了盼望已久的厚生省的认证，以“Bioceram”的商标开始销售。

但事与愿违，市场反应不佳。那个时候，很少有牙科医生尝试种植牙手术。因此，我们把这项研究成果提供给大学医院以及牙科学会，并在各地举办面向私人医生的种牙技术讲习会。最终，这种普及工作初见成效，现在使用种植牙的牙科医生越来越多，国内外种植牙制造商大约超过了 20 多家，在这个过程中，京瓷确立了十分稳固的地位。

此外，利用陶瓷优越的生物体融合性和耐磨性，我认为可以制作人工陶瓷骨头和关节，提供给因为事故或疾病失去骨头和关节的患者。于是，在研发人造牙根的同时，我又做出了开发人工骨头和人工关节的指示。在国立大阪南医院敷田卓治博士的指导下，我们和医院、大学的整形外科医生群策群力，加快研发。开发人工骨头、人工关节必须符合植入部位的形状。我们不断进行临床试验，最终获得了厚生省的批准。

但是，正当 Bioceram 事业步入正轨的 1985 年，意想不到的事情发生了。有人指责人工骨、人工膝关节涉嫌违反《药事法》，指责我们在取得厚生省的许可之前，就开始了制造和销售。但事实经过是这样的。

有一个整形外科的医生委托我们说："京瓷用陶瓷材料开发了性能极佳的人造股关节。现在有患者因为骨癌等疾病大面积切除了骨头和关节，希望贵公司再用陶瓷材料生产相关替代品。"公司的负责人回答说，我们正在等待厚生省的批准，请稍等一段时间。可是对方说："陶瓷股关节已经得到批准，并已实际使用。更重要的是，只要提供所需产品，患者就可以保住手脚，不用切除。请你们赶快生产，有问题的话，责任我们来负！"因为目的是救人，我们就答应了。

另外，还有其他的整形外科医生也提出要求："因膝盖损伤而不能走路的人很多。希望尽快制作人工膝关节。"当时，我们正处于临床试验的阶段，医生们认为，"疗效很好，希望能继续生产。"因为有这种要求，我们就同意了。《药事法》规定，即使是使用相同材料的人造骨或人工关节，在制造新的形状或者尺寸时，也必须重新取得认证。而我们在获得重新认证前，就销售了人造骨和人工关节。

这件事情在报纸和杂志上被大肆报道。京瓷创业25年来，成长迅速，遭受社会谴责，这还是第一次。我告诉部下："全部责任由我承担，希望大家不要动摇信念，要实事求是，诚实应对。"虽然我们是为患者着想，但作为公司，确实违背了《药事法》的规定，这是事实。我们要深刻反省，服从停产一个月的处分。

在这件事情上，帮助我从痛苦烦恼中解脱出来的，是我的心灵导师西片担雪法师。他是临济宗妙心寺派圆福寺的高僧，却常常认真倾听我这个俗人的诉说，开导启发我。法师没有妻小，不饮酒，托钵化缘，过着清净淡泊的日子。说到性格，他则是沉默寡言，更不善说教。每次我去拜访时，他总是静静地为我沏上一杯抹茶，我则随意聊些有关公司的各种俗事杂务。

当我说最近遭媒体大肆攻击，甚感苦恼时，法师却说：“这也是没有办法的事啊，稻盛先生，感觉痛苦才是你活着的证明啊。”本想得到他的安慰，不料他却讲这话，我感到很意外。但是接下来，他说道：“遭受灾难，意味着你过去所造的业消失了。业消失了，应该高兴。虽然我不知你过去造了什么业，但仅仅这么一点痛苦就能消业，该庆祝一番才对啊！”真是一语道破天机。正如白隐禅师在《坐禅和赞》中所说，遭受痛苦，“能灭无量罪”。

法师的这番话成了我的最高教谕，帮助我重新振作起来。我真挚地接受社会的批评，把这事看作“神灵所赐予的考验”，并且号召全体员工都要端正态度。此后，我的心态为之一变，积极致力于开发卓越的新产品，推动“Bioceram”的普及。很幸运，陶瓷人造骨和人工关节，帮助了很多因事故或疾病失去身体机能的患者，让他们重获行动自由的喜悦。

爱护地球

1973年，第一次石油危机爆发，迫切需要石油的替代能源的呼声日益高涨。为了开发新能源，1974年通产省启动了国家项目“阳光计划”。我确信，对于资源匮乏的日本而言，开发替代石油的新能源是必然的趋势。

于是，我把目标锁定在硅太阳能电池上，它能够充分运用到京瓷持续研究的结晶技术。这种太阳能电池可以将取之不尽的太阳能转换成电能，而且不产生引起地球变暖的二氧化碳气体，是一种环保能源。

当时，京瓷从位于美国波士顿郊外的泰科（Tyco）实验公司引进了单结晶蓝宝石制造技术。泰科公司利用这一技术，采用EFG法——将单晶硅连接成带状提拉的方法，开始了制作太阳能电池的实验。得知这一